Wild Places

NORWEGEN

Wild Places

NORWEGEN

Die schönsten Naturerlebnisse fernab des Trubels

Lisa Arnold

BRUCKMANN

INHALT

↓ Von links nach rechts: Die Stabkirche Heddal; die Festund Fredriksten in Halden; Ziegenböcke in der landwirtschaftlich genutzten Region Valdres; ein Basejumper stürzt sich von den Felsen am Lysefjord; kleine Brücke bei »Verdens Ende« im Meeresnationalpark Færder

↑ Ein gefallener Baum am Ufer des Sees Øyeren

↑ Traditionelle Bootshäuser in Spangereid, ganz in der Nähe von Norwegens südlichstem Punkt

↓ Von links nach rechts: Strom aus der Schmelze eines Arms des Jostedalsbreen-Gletschers; unterwegs im Rentierschlitten bei den Samen; Pfad durch die moorige Hochebene Finnmarksvidda; Wassersport auf den Lofoten; die Felsritzungen von Alta

Schiffsfahrt auf dem Nærøyfjord,
einem Seitenarm des Sognefjords

Nordaustlandet
Erik Eriksenstredet
Olgastreet
Ny Ålesund
Longyearbyen
Barentsburg
Sveagruva
Storfjorden
Edgeøya
Barentsøya
50 Nationalpark Sør-Spitzbergen
Barentshavet
Magerøya
Havøysund
Sørøya
Russenes
Varanger
Vardø
Nyborg
Kirkenes
Lakselv
Whale-Watching
Alta
Cathedral of the Northern Lights
Tromsø
Lyngen
Bilto
Nationalpark Reisa
Senja
Hillesøy
Gryllefjord
Andenes
Andøya
Risøyhamn
Vesterålen
Lofoten
Fiskebøl
Sørvågen
Vestfjorden
Narvik
Abisko
Innset
Torneträsk
Kiruna
Vietas
Stora Lulevatten
Nationalpark Sjunkhatten
Fauske
Bodø
Sulitjelma
Randijaure
Europäisches Nordmeer
Nördlicher Polarkreis
Rovaniemi
Jokkmokk
Marmorslottet
Nationalpark Saltfjellet-Svartisen
Kilboghamn
Mo i Rana
Nesna
Helgelandskysten
Natur- und Kulturpark Økstindan
Tjøtta
Regionalpark Vegaøyan
Regionalpark Vefsna
Brønnøysund
Trofors
Vendesund
Storavan
Arvidsjaur
Sorsele
Storuman
Luleå
Piteå
Oulu
Raahe
Skellefteå
NORWEGEN
SCHWEDEN
RUSSLAND
FINNLAND
Nationalpark Blåfjella-Skjækerfjella
Namsos
Nationalpark Lierne
Vilhelmina
Lycksele
Dorotea
Umeå
Geografischer Mittelpunkt
Archipel Hitra-Frøya
Trondheimfjord
Trondheim
Bymarka
Åre
Östersund
Örnsköldsvik
Vaasa/Vasa
Kristiansund
Atlanterhavsvegen
Molde
Ålesund
Runde
Oppdal
Brekka
Sølendet
Härnösand
Sundsvall
Bottenhavet
Nationalpark Femundsmarka
Gutulia Nationalpark
Svegsjön
Geiranger
Trollstigen
Geirangerfjord
Nationalpark Rondane
Gamle Strynefjellsvegen
Lom
Nationalpark Jostedalsbreen
Gaupne
Nationalpark Jotunheimen
Vinstra
Regional- und Geopark Fjordkysten
Valdresflye
Lillehammer
Nærøyfjord
Aurlandsfjellet
Valdres
Natur- und Kulturpark Valdres
Hamar
Mora
Siljan
Hudiksvall
Söderhamn
Tampere
Gävle
Bergen
Osterfjord
Hardanger
Hardangervidda
Trolltunga
Nationalpark Hardangervidda
Nordmarka
Natur- und Kulturpark Finnskogen
Dorlänge
Nationalpark Folgefonna
Odda
Oslo
Hovedøya
Kjøsterudjuvet
Naturreservat Nordre Øyeren
Drammen
Østensjøvannet
Uppsala
Norrtälje
Västerås
STOCKHOLM
Haugesund
Nordvegen Historiesenter
Ryfylke
Regionalpark Telemarkskanalen
Horten
Tønsberg
Fredrikstad
Regionalpark Haldenkanalen
Karlstad
Hjälmaren
Örebro
Preikestolen
Stavanger
Hovden
Ryfylkeheiane
Meeresnationalpark Færder
Bryne
Kjerag
Magma Geopark
Meeresnationalpark Jomfruland
Meeresnationalpark Ytre Hvaler
StenKunstHvaler – Stone Art Hvaler
Vänern
Norrköping
Oxelösund
Jæren
Egersund
Mandalselva
Meeresnationalpark Raet
Vättern
Linköping
Flekkefjord
Lista
Kristiansand
Skjernøy
Skagerrak
Tjörn
Jönköping
Västervik
Gotland
Norwegische Landschaftsrouten
Besonders sehenswert
WILDTIER-BEOBACHTUNGEN
Wale
Seeadler
Papageitaucher
Moschusochsen
Elche

EINLEITUNG

»FRILUFTSLIV« FÜR ALLE!

Norwegen hat nicht nur eine atemberaubende Landschaft, sondern auch äußerst naturverbundene Einwohner. Das Konzept *Friluftsliv* – »Leben an der frischen Luft« – ist weit verbreitet und gehört seit dem vorletzten Jahrhundert zur Identität.

Es war der norwegische Nationaldichter Henrik Ibsen (1828–1906), der in jungen Jahren den Begriff *Friluftsliv* prägte. Das Wort taucht in seinem ganzen Opus nur zweimal auf: im Gedicht »Auf den Höhen« von 1859 und im danach verfassten Theaterstück »Komödie der Liebe« von 1862. Beide Werke sind in einer Zeit der Sinnsuche entstanden. Allerdings macht sich die dahinterliegende Symbolik der Landschaft viel öfter bemerkbar. Zunächst meinte er mit *Friluftsliv* eine bestimmte Freiheit und den Raum zum Denken neuer Gedanken, die man in der Natur – im Gegensatz zu dichter besiedelten Orten – genießt *(»Friluftsliv for mine Tanker«).*

Im Laufe der Zeit wurden auch Körper und Gefühlswelt mit ins Konzept einbezogen. Und so bedeutet für die Norweger von heute *Friluftsliv* viel mehr als Sport oder Spiel im Grünen. Der Begriff steht für die tiefgreifende Erfahrung, die man machen kann, wenn man sich mit der natürlichen Umgebung auseinandersetzt, und die positive Auswirkung auf die physische und mentale Gesundheit. Es geht um den Einklang von Körper und Geist, den man beim Eintauchen in die Natur erlebt.

Dass wir diesen Zustand heute vielerorts in Norwegen auf sichere Weise erleben können, haben wir dem 1868 gegründeten Wanderverein (Den Norske Turistforening, kurz DNT) zu verdanken. Dieser pflegt nicht nur die Wanderwege, sondern betreibt auch etwa 550 Hütten mit insgesamt über 8000 Betten, in denen Wanderer nach der Tagesetappe übernachten können. Etwa ein Zehntel davon – die im Sommer bewirtschafteten Unterkünfte mit Personal und Verpflegung – nehmen Reservierungen entgegen. Es werden aber in sämtlichen Hütten alle Ankommenden aufgenommen; für den Fall einer Überbelegung gibt es Reservematratzen.

Besonders großes Engagement zeigte der Bergführer Claus Helberg (1919–2003), der mit 19 Jahren angestellt wurde und sich bis zum Ende seines Lebens einbrachte. 1986 erhielt er für seinen Einsatz für das norwegische *Friluftsliv* den königlichen Sankt-Olav-Orden, die dritthöchste Auszeichnung des Landes.

Ein Jedermannsrecht

Unter Norwegern gilt *Friluftsliv* – vor allen anderen Sportarten – als beliebteste Freizeitbeschäftigung in der Natur. Wie tief das Konzept mittlerweile im Alltag verwurzelt ist, zeigt sich auch daran, dass man einen Bachelorabschluss im Bereich *Friluftsliv* machen kann, dass viele Norweger beim ersten Date Wandern oder Radfahren gehen und dass es »Freiluftkindergärten« gibt, in denen die Kinder 80 Prozent der Zeit an der frischen Luft verbringen. Außerdem gibt es seit 1957 ein Gesetz namens *Lov om friluftslivet (friluftsloven)*, das das historisch gewachsene Jedermannsrecht formalisiert. Es räumt buchstäblich jedem das Recht ein, sich frei in der Landschaft zu bewegen – unabhängig davon, wem beispielsweise ein Waldgrundstück gehört.

Henrik Ibsen würde diese Entwicklung bestimmt gutheißen: Während für ihn der Rückzug »auf die Höhen« eine Rebellion gegen seine Familie darstellte, gehören Ausflüge in die durchaus wilde Natur längst zu einer vorbildlichen Erziehung dazu. Wer sich also Zeit zum Erkunden der »Wild Places« nimmt, taucht tief in die norwegische Lebensart ein – und macht Urlaub mit Körper und Seele.

God tur – gute Reise!

← Architektur trifft auf Natur an den nationalen Landschaftsrouten, wie hier beim Aussichtspunkt Tungeneset in der Provinz Troms.
↑ Bei einer Wanderung durchs Dumdalen im Nationalpark Jotunheimen ist Körpereinsatz gefragt.
↗ Leuchtturm in der Nähe von Lista

Die Abendsonne bescheint den Hengjanfjell oberhalb des Preikestolen in Rogaland.

WILLKOMMEN IN NORWEGEN

ABENTEUER ZWISCHEN FJORD UND FJELL

Norwegen – wortwörtlich der »Weg nach Norden« – ist mit seinen Bergen, Fjorden und Mooren ein Abenteuerland aus dem Bilderbuch. Wer die Einsamkeit in der Natur sucht und nicht vor Klettertouren und spärlich ausgeschilderten Wanderwegen zurückschreckt, holt sich hier Erinnerungen fürs Leben.

IST DA JEMAND?

Mit einer Fläche von knapp 324.000#Quadratkilometern ist Norwegen das sechstgrößte Land des Europäischen Wirtschaftsraums. Diesen Platz teilen sich vergleichsweise wenige – nur etwa 5,5 Millionen Einwohner. Durchschnittlich findet man auf einem Quadratkilometer also bloß 17 Menschen. Damit beträgt die Bevölkerungsdichte gerade einmal ein Dreizehntel jener von Deutschland. So erklärt sich, warum Norwegen ein Paradies für Naturliebhaber ist: Weite Teile des Landes sind sehr dünn oder gar nicht besiedelt. In Oslo hingegen teilen sich im Schnitt über 1500 Einwohner einen Quadratkilometer. Das ist immer noch deutlich unter dem Berliner Vergleichswert (4200 Menschen) und eher mit Aachen und Konstanz vergleichbar.

1700 FJORDE

Die norwegische Küste wird von rund 1700 langen, schmalen Meeresarmen eingeschnitten. Diese Fjorde sind durch Gletscher entstanden, die sich durch Flusstäler zum Meer schoben. Deshalb mündet stets ein Fluss ins Innere der Bucht. Der längste ist mit 200 Kilometern der Sognefjord.

2534 GLETSCHER

Eine Zählung der norwegischen Eisfelder hat 2012 ergeben, dass das Land über 2500 (meist kleine) Gletscher aufweist. Zusammen bedecken sie 2692 Quadratkilometer – weniger als ein Prozent der Landesfläche. Mit 474 Quadratkilometern ist der Jostedalsbreen der größte.

48 NATIONALPARKS

Zugegeben: Norwegen ist kein Vorreiter im Gründen von Nationalparks gewesen. Europaweit war Schweden der Pionier, als das Land 1909 ganze neun Nationalparks einrichtete, und Finnland zog knapp 30 Jahre später nach. Erst 1962 erhob Norwegen das Berggebiet Rondane zum Nationalpark. Seitdem sind 47 hinzugekommen und weitere in Planung. Damit ist Norwegen das Land Europas mit den meisten Nationalparks. Der jüngste ist Østmarka.

28.953 KM

... beträgt die Länge der Festlandküste zwischen dem Idefjord im Süden und der Kapelle, die König Oscar II. geweiht ist, bei Kirkenes im hohen Norden. Hinzu kommen gut 72.000 Küstenkilometer auf den Inseln, Eilanden und Riffen – macht insgesamt 100.915 Kilometer.

3% ACKERLAND

Norwegens wilde Landschaft macht einerseits den Reiz für Urlauber aus – andererseits macht sie es den Menschen seit jeher schwer, sich dauerhaft niederzulassen. Knapp zwei Drittel der Landesfläche sind von Bergen, Seen oder Mooren bedeckt. Mit anderen Worten: Dort kann man beim besten Willen nichts anbauen. Ein weiteres Drittel trägt Wälder verschiedenen Typs. Für die Landwirtschaft bleiben nur drei Prozent übrig.

239.057

Das ist die imposante Zahl der Inseln, die es allein im norwegischen Hoheitsgebiet gibt. Hinzu kommen darüber hinaus noch 81.192 Schären. Die größte Insel vor der Küste Norwegens ist Hinnya mit einer Fläche von 2204 Quadratkilometern.

17. MAI

Der heutige Nationalfeiertag geht darauf zurück, dass am 17. Mai 1814 das Grundgesetz erlassen wurde. Man nennt ihn auch den »Verfassungstag«, dem die Verfassung von Eidsvoll zugrunde liegt. Er wird ausgelassen und mit vielen Flaggen begangen. Außerdem füllt sich Oslo dann immer mit Kinderumzügen, Blaskapellen und Menschen in Trachten.

GESCHICHTE IM DREIGESTIRN

Obwohl die Geschichte der norwegischen Monarchie bis in die Wikingerzeit zurückreicht, besteht das Land in seiner heutigen Form erst seit 1905. Davor lagen etwa fünf Jahrhunderte unter Fremdherrschaft. Im Jahr 1389 war Norwegen in der Kalmarer Union mit Schweden und Dänemark aufgegangen. Nach deren Spaltung 1521 blieb Norwegen eine dänische Provinz und unterstand bis 1814 dem Königshaus von Kopenhagen. Dann – nach den Napoleonischen Kriegen – kam das Land durch den Kieler Frieden zu Schweden. Gleichzeitig entstand eine starke nationalromantische Volksbewegung, die 1905 zur Auflösung der Union führte.

Dieser Nachbau eines Wikingerschiffs schaukelt vor der Insel Hitra auf dem Wasser.

UNSER NACHHALTIGKEITSKODEX

Die Welt birgt viele Wunder, Abenteuer und spektakuläre Aussichten, die wir gerne erkunden möchten. Doch sie ist auch leicht aus dem Gleichgewicht zu bringen. Hier ein paar Tipps, wie wir unsere Welt nachhaltig entdecken können:

- **Die Hauptsaison meiden:** Wenn wir nicht gerade auf die Ferienzeiten angewiesen sind, können wir der Umwelt einen großen Gefallen tun, indem wir in der Nebensaison verreisen. Damit tragen wir zu einer gleichmäßigeren Auslastung der Umwelt und der Infrastruktur bei und der Urlaub wird dazu auch noch wesentlich entspannter.

- **Die Aufenthaltsdauer dem Reiseziel anpassen:** Je weiter das Reiseziel ist, desto länger sollte der Aufenthalt sein. Dadurch lernen wir die Region nicht nur intensiver kennen, sondern stärken sie ganz nebenbei noch durch unsere Ausgaben vor Ort. Anfahrtsintensive Tagesausflüge sollten besser vermieden werden, das bedeutet nur Stress, sowohl für die Umwelt als auch für uns selbst.

- **Auf umweltschonende Verkehrsmittel setzen:** Wo es möglich ist, reisen wir mit öffentlichen Verkehrsmitteln an. Das reduziert nicht nur die Luftverschmutzung, sondern schont auch unsere Nerven. Falls das nicht geht, helfen verschiedenste Plattformen dabei, den CO_2-Austoß auszugleichen, vor allem, wenn das gewünschte Reiseziel nur mit dem Flugzeug zu erreichen ist.

- **Nur dort parken und campen, wo es erlaubt ist:** Selbst, wenn wir uns noch so vorbildlich verhalten und unseren Aufenthaltsort so hinterlassen, wie wir ihn vorgefunden haben, stören wir den Lebensraum von Wildtieren und hinterlassen Spuren und Gerüche. Auch Lagerfeuer entzünden wir ausschließlich an den dafür vorgesehenen Stellen und achten dabei auf Waldbrandstufen und Naturschutzgebiete.

- **Ressourcen gewissenhaft nutzen:** Manche Umweltressourcen sind bereits knapp, endlich sind auf jeden Fall alle. Um sie zu schonen, sollten wir sparsam mit ihnen umgehen, gerade in Gegenden, in denen zum Beispiel Wasser oder Strom nicht im Überfluss vorhanden sind.

- **Ein guter Gast sein:** Nachhaltig unsere Umgebung zu erkunden bedeutet auch, der hiesigen Flora und Fauna mit Respekt zu begegnen. Pflanzen sollten auf keinen Fall gepflückt werden, aber sie stehen uns bestimmt gerne Modell für das eine oder andere Foto. Das Gleiche gilt für wilde Tiere: wir füttern sie nicht, halten Abstand und beobachten sie aus der Ferne.

- **Auf den Wegen bleiben:** Wer die vorgegebenen Wege verlässt, dringt nicht nur in die Rückzugsräume heimischer Arten ein, sondern trägt auch dazu bei, dass sich neue Wege bilden, was zur Erosion des Bodens führt.

- **Abfall wieder mitnehmen:** Plastikverpackungen jeglicher Art, Dosen, Flaschen und Papiertaschentücher (es dauert Jahre, bis sich ein einzelnes Taschentuch vollständig abgebaut hat!) gehören nicht in die Natur, sondern artgerecht entsorgt. Am besten gleich eine wiederverwendbare Brotdose oder Trinkflasche mitnehmen. Dazu zählen natürlich auch Toilettenpapier und der Inhalt von (Chemie-) Toiletten. Entsprechende Entsorgungsstationen finden sich überall.

- **Lokal kaufen:** Dadurch lernen wir Land und Leute besser kennen und unterstützen die regionale Wirtschaft, außerdem sind regionale Produkte meist auch preisgünstiger und qualitativ hochwertiger.

So wie wir die Umwelt respektieren, wollen wir auch unseren Mitmenschen und deren Kultur Respekt entgegenbringen, gerade im Hinblick auf deren Traditionen, Religion oder typische Gebräuche. So können ein Lächeln oder ein paar Worte in der Landessprache Berge versetzen!

Der Nationalpark Rondane ist von Sümpfen und Tümpeln geprägt; im Hintergrund: das Högronden-Massiv.

OST-NORWEGEN

Meeresnationalparks, ländliche Idylle und von Flüssen durchzogene grüne Landschaften: Østlandet (auch Austlandet) ist ideal für Einsteiger.

1

MEERESNATIONALPARK YTRE HVALER

EXKURSION INS KALTE NASS

Der Nationalpark Ytre Hvaler war 2009 Norwegens erster (doch längst nicht mehr einziger) Meeresnationalpark. Ganze 96 Prozent seiner Fläche liegen auf dem Meer. Zu den Sehenswürdigkeiten unter Wasser zählen mehrere Korallenriffe – darunter das größte bekannte in einer Schärenlandschaft.

Der Meeresnationalpark Ytre Hvaler befindet sich in der südnorwegischen Provinz Viken, zwei Fahrstunden von Oslo entfernt. Mit seiner vielfältigen Landschaft zählt er zu den beliebtesten Ausflugszielen rund um den Oslofjord – und zwar zu jeder Jahreszeit. Nicht nur die Bewohner der norwegischen Hauptstadt fahren hierher ins Blaue, sondern auch Leute aus Hvaler und Fredrikstad haben Ferienhäuschen in der Umgebung und suchen Zerstreuung beim Wandern.

Man nähert sich dem Naturgebiet am besten über eines der beiden Besucherzentren. Das erste und größere Nationalparkhaus befindet sich am Hafen von Skjærhalden, der »Hauptstadt« des Hvaler-Archipels mit über 800 Inseln. Dort ist das Besucherzentrum in einem ehemaligen Getreidespeicher untergebracht, das heute ein Kulturzentrum beherbergt. Zu sehen ist eine Ausstellung über die Flora und Fauna im Nationalpark. Draußen zeigt das Lilleputtsenteret (Freiluftaquarium) beispielhaft Bewohner der Unterwasserwelt. Zusätzlich gibt es – nur einen Kilometer entfernt – ein neueres, kleineres Besucherzentrum mit Café am Strand Storesand.

← Der Leuchtturm Pikesten befindet sich am westlichsten Punkt der Insel Asmaløy.

Der Nationalpark misst 354 Quadratkilometer, wovon 340 unter Wasser liegen – mal 470 Meter tief, mal seicht vor der Küste. Dort steht ein ganzes Ökosystem unter Naturschutz, bestehend aus Korallenriffen, Braunalgenwäldern und von Seegräsern überwachsenen Böden. Zwischen den Inseln Heia und Torbjørnskjær tummeln sich Seehunde während der Paarungs- und Wurfzeit im Hochsommer.

Die Artenvielfalt unter Wasser beruht unter anderem auf der Mischung von Süß- und Salzwasser. Im nahen Fredrikstad mündet nämlich der Fluss Glomma – mit 600 Kilometern Skandinaviens längster zusammenhängender Wasserweg – in den Skagerrak. Gleichzeitig gibt es im Meer eine vielgestaltige Unterwasserwelt. An mehreren Stellen sind Kaltwasserkorallenriffe zu finden, die zahlreichen Arten einen Lebensraum bieten. Im Jahr 2002 wurde bei der Insel Tisler ein besonders stattliches Exemplar entdeckt: Mit einer Länge von 1,2 Kilometern zählt das Tislerrevet zu den größten in Europa. Es liegt in einer Tiefe von rund hundert Metern und damit zu tief für Taucher – tiefer als 20, 30 Meter tauchen nämlich nur wenige.

Trockenen Fußes über Inseln wandern

Die Landfläche verteilt sich auf verschiedene Inseln, darunter Struten und Søster. Wer nicht nass werden möchte, kommt in den Genuss von rund gewaschenen Klippen. An

Land ist der Nationalpark felsig, es gibt aber auch Küstenwälder. Auf den Inseln Kirkøy, Asmaløy und Vesterøy stehen verschiedene Küstenwanderwege zur Auswahl, die dank Beschilderung und blauer Markierungen leicht zu finden sind. Hobbybotaniker können nach seltenen Pflanzen wie der Einknolligen Honigorchis und dem Gelben Hornmohn Ausschau halten.

Vogelinteressierte kommen ebenfalls auf ihre Kosten: Die Inseln, Feuchtgebiete und Salzwiesen bieten ideale Bedingungen zum Brüten, Rasten und Nisten. Zum Gebiet gehören vier Vogelschutzgebiete: Akerøya, Heia, Møren und Søndre Søster. Und auch zahlreiche Schmetterlinge flattern über die von Heidekraut überwachsenen Inseln, darunter 48 vom Aussterben bedrohte Arten.

Fischfang und Festungen

Der Nationalpark ist von der früheren Nutzung der Küstenregion geprägt. Der Hafen Kuvauen war lange wichtig sowohl für Schiffslotsen als auch für die Fischer. Heute ist die Garnelenschleppnetzfischerei die wichtigste Fischerei in Hvaler. Bei Hvaler – einem Ort mit langer Fischereigeschichte – finden sich die sogenannten *Hvalertuftene*: alte Hausfundamente, deren Datierung ungewiss ist. Schätzungen reichen von der Bronzezeit bis ins späte 16. Jahrhundert. Die Häuser wurden vermutlich immer nur einen Teil des Jahres bewohnt, nämlich zur Zeit der Jagd und des Fischfangs.

Am Nationalpark liegt außerdem die Festung Akerøya, die von 1682 bis 1807 genutzt wurde und heute teilweise restauriert ist. Sie gehörte zum Befestigungssystem von Fredrikstad, das neben der Festung in der Stadt noch sechs weitere umfasste. Ytre Hvaler besitzt auch zwei Leuchttürme: Torbjørnskjær und Homlungen – beide gehören zum Leuchtturmschutz der norwegischen Küstenverwaltung.

Die landesweite Initiative »Kystled« (Küstenpfad) bietet im Nationalpark mehrere Übernachtungsmöglichkeiten an. Das stetig wachsende Netzwerk umfasst über 120 einfache, authentische Unterkünfte, meistens in kulturhistorischen Gebäuden wie Leuchttürmen, Bootshäusern oder alten Schulen. Angestrebt wird eine sinnvolle Nutzung öffentlicher Gebäude in landschaftlich reizvollen Küstengebieten, die ihrem ursprünglichen Zweck nicht mehr dienen. An vielen Orten steht den Gästen auch ein einfaches Boot zur Verfügung.

Unmittelbar südlich des Meeresnationalparks Ytre Hvaler verläuft übrigens die Grenze zu Schweden. Weil sich die Natur aber nicht für Geopolitik interessiert, geht der Archipel vor der Küste des Nachbarlandes weiter. Dort schließt

↖ Die Festung Kongsten ist die zentrale Sehenswürdigkeit von Fredrikstad.
← Beschauliche Gassen ziehen sich durch die Altstadt namens Gamlebyen.
↗ Im Nationalpark Ytre Hvaler besteht die Felsenküste überwiegend aus Gneis und Granit – eine einmalige raue Landschaft.

der schwedische Nationalpark Kosterhavet an. Bei klarer Sicht kann man seine Inseln am Horizont ausmachen. Beide Schutzgebiete wurden nicht nur parallel geplant, sondern im Jahr 2009 auch gleichzeitig eingeweiht – ein gutes Beispiel für eine grenzüberschreitende Zusammenarbeit aus Liebe zur Natur.

INFO

FREDRIKSTAD

Auf dem Weg in den Meeresnationalpark Ytre Hvaler passiert man unweigerlich die Stadt Fredrikstad mit knapp 80.000 Einwohnern. Sie wurde 1567 gegründet und zählt heute zu den am besten erhaltenen Festungsstädten in Nordeuropa. Im Stadtkern namens Gamlebyen, der von einer Mauer aus dem 17. Jahrhundert umgeben ist, scheint die Zeit seither stillgestanden zu sein. Dort spaziert man durch charmante Pflastergassen zu einladenden Cafés, Galerien und Geschäften. Ein Museum informiert über die Historie.

STENKUNST HVALER

Im Süden der Insel Kirkøy, ganz in der Nähe der beiden Nationalpark-Besucherzentren, befindet sich ein Skulpturenpark mit Werken aus Stein. Die Materialwahl ist kein Zufall: Früher waren dort Steinmetze ansässig, die dem Granit besondere Formen verliehen. Heute arbeiten Künstler aus aller Welt mit dem typischen Gestein, und ihre Werke fügen sich dezent in die felsige Umgebung ein.

Das Stadtmuseum von Fredrikstad ist in einem Zeughaus von 1775 untergebracht, das damals das größte Gebäude des Landes war. Im Innenhof sind noch Kanonen zu sehen.

2

MEERESNATIONALPARK FÆRDER

DER LETZTE SCHLIFF

Westlich vom Oslofjord liegt – kaum 40 Kilometer Luftlinie vom Nationalpark Ytre Hvaler entfernt – ein weiterer Meeresnationalpark. Eis, Wasser und Wind haben über Jahrmillionen die Landschaft geformt, die die Einheimischen als »Ende der Welt« bezeichnen.

Unter Norwegens Naturschutzgebieten gehört der 2013 gegründete Nationalpark Færder zu den jüngsten. Er liegt südwestlich von Oslo in der Provinz Vestfold und zieht sich von der Insel Ormøy im Norden bis zum namensgebenden Leuchtturm im Süden. Von den 340 Quadratkilometern Fläche des Nationalparks liegen 95 Prozent unter Wasser. Der Rest – nur 15 Quadratkilometer – verteilt sich auf Inseln, Schären und Küstengebiete. Im Osten schließt der ähnlich große Meeresnationalpark Ytre Hvaler (s. S. 25) an; die Grenze zwischen beiden verläuft in der Mitte des Oslofjordes.

Ein guter Ausgangspunkt zum Erkunden des Nationalparks ist Verdens Ende an der Südspitze der Insel Tjøme. Dort – am »Ende der Welt« – liegt das 2015 eröffnete Nationalparkhaus mit einer interaktiven Ausstellung und einem Restaurant mit Aussicht. Außerdem verkehrt im Sommer eine Fähre der Reederei Bolærnebåtene zum Leuchtturm Færder. Eine weitere Verbindung zu Wasser gibt es (von Mitte April bis Mitte September) zwischen dem Hafen von Tønsberg und der Inselgruppe Bolærne, die mit Spazierwegen am Wasser, Gastronomie und militärhistorischen Denkmälern aufwarten kann. In den flachen Bereichen bieten ganze Wälder aus Braunalgen und Seegras vielen Fischen geeignete Laichplätze. Im Meer ist auch die vom Aussterben bedrohte Europäische Auster angesiedelt.

Vom Eis geformt

Die Küstenlandschaft ist das Ergebnis von mindestens 40 Eiszeiten in 2,5 Millionen Jahren. Auf ihrer Wanderung nach Süden schliffen die Eismassen die felsige Schärenlandschaft ab. Dadurch sind längliche Kratzer (sogenannte Kolklinien) und charakteristische Rundhöcker mit sanfteren Hängen auf der Nordseite entstanden. Man findet auch andere geologische Formationen wie glatte Felshänge, keilförmige Vertiefungen (sogenannte Rattermarken), Moränen und Gletschertöpfe. Im Norden der Insel Sandø breitet sich eine vom Wind angewehte Sandfläche aus, und auf der Südwestseite von Kløvningen klafft ein Riesentopf.

An Land gibt es Kiefernwälder, Sumpfwälder und sommergrüne Laubwälder. Unter den seltenen und bedrohten Pflanzen im Park finden sich der Kamm-Wachtelweizen und die Ufer-Segge. Auch der Gelbe Hornmohn sowie der Erdbeer-Klee gedeihen auf dem Festland. Außerdem sind insgesamt 309 gefährdete Arten von der Roten Liste dort heimisch, darunter Spinnen, Pilze und Algen sowie Schmetterlinge.

← Der Aussichtspunkt Verdens Ende – am »Ende der Welt« – im Nationalpark Færder ist eine Art Leuchtturm, zusammengesetzt aus Steinchen.
↓ Am Tønsberg-Hafen liegt die Saga Oseberg, ein Nachbau des Wikingerschiffes Oseberg.

INFO

KULTURDENKMÄLER
Der 43 Meter hohe Leuchtturm Færder fyr auf der Insel Midtre Tristein kann von außen besichtigt werden. Mit der Inbetriebnahme 1857 ersetzte er seinen Vorgänger, den seit 1696 leuchtenden Store Færder. Weitere Kulturdenkmäler im Nationalpark sind bronzezeitliche Rösen auf mehreren Inseln, ein ehemaliges Gefangenenlager aus dem Zweiten Weltkrieg auf Østre Bolæren sowie ein dritter, zur Unterkunft umfunktionierter Leuchtturm auf Fulehuk.

TØNSBERG
Norwegens älteste Stadt und Hauptstadt der Provinz Vestfold blickt auf eine 1200-jährige Geschichte zurück, die vor allem von der Schifffahrt geprägt ist. Mehrere Nachbauten alter Schiffe und Ausstellungen über die Schifffahrt können dort bestaunt werden. Die 58.000 Einwohner starke Stadt kann aber auch modern: Es gibt ein Kunstmuseum und ein aktives Nachtleben.
vestfoldmuseene.no/haugar-kunstmuseum/en

3

REGIONALPARK TELEMARKSKANALEN

DAS BLAUE BAND VON SÜDNORWEGEN

Durch die Region Telemark zieht sich das längste Kanalsystem des Landes. Was im 19. Jahrhundert als »achtes Weltwunder« galt, ist heute eine sehenswerte Landschaft mit zahlreichen Industriedenkmälern sowie Angeboten für aktive Urlauber.

Der historische Telemarkkanal (norwegisch Telemarkskanalen) führt von der Nordseeküste südwestlich von Oslo bis ins bergige Landesinnere Südnorwegens. Er verbindet die Orte Skien und Dalen und ist 105 Kilometer lang, wovon aber nur ein Fünftel tatsächlich von Menschenhand angelegt wurde. Der Rest führt über bereits vorhandene Flüsse und Seen. Auf den Strecken, die in den Fels gehauen wurden, befinden sich insgesamt 18 Schleusenstufen, die zusammen einen Höhenunterschied von 72 Metern überwinden. Die historischen, von Hand bedienten Anlagen sind noch original erhalten. Neben dem Telemarkkanal gibt es nur noch ein weiteres Kanalsystem in Norwegen: den Haldenkanal (s. S. 36) östlich des Oslofjords, nahe der schwedischen Grenze.

Ein Meisterwerk der Baukunst

Als der Telemarkkanal 1892 eröffnet wurde, galt er unter Zeitgenossen als »achtes Weltwunder«. Die Planung hatte allerdings schon 1805 begonnen. Der erste Abschnitt (Skien–Norsjø) entstand zwischen 1854 und 1861. schneller wurde der zweite Abschnitt (Norsjø–Bandak) fertig: Ab 1887 schlugen 500 Arbeiter den Kanal in den Fels und konnten ihn (ohne Maschinen!) binnen fünf Jahren fertigstellen.

Der Kanal hat die heutige Provinz Telemark dem internationalen Schiffsverkehr zugänglich gemacht, denn er verbindet das Hinterland nahe der Hardangervidda mit der Nordsee. Damit hat er auch die Entstehung und Weiterentwicklung vieler Orte in der Region maßgeblich beeinflusst. Schon ab dem 15. Jahrhundert war die Region Telemark der wichtigste Holzproduzent und -exporteur Norwegens. Der Kanal eröffnete der Forstindustrie als Transportweg neue Möglichkeiten: Bis zum Ende des 20. Jahrhunderts wurde darauf Holz geflößt, auf dem Abschnitt zu einer Papierfabrik sogar bis 2006. Dadurch wurde die Industrialisierung in der Region Telemark und in Skien vorangetrieben.

In der jüngeren Vergangenheit wurde die Natur- und Kulturlandschaft rund um den Telemarkkanal zum Schutzgebiet erhoben. Im Jahr 2011 gründete man mit Norske Parker die Dachorganisation zur Verwaltung von Norwegens neun Regionalparks. Sie sollen die jeweilige Region sowohl als Reiseziel stärken als auch als Wohnort attraktiver machen, und zwar durch die Förderung der lokalen Unternehmen und einer nachhaltigen Wirtschaft.

Erlebnisse aus der Wasserperspektive

Der Telemarkkanal fließt gemächlich durch eine vielfältige Landschaft. Am Ufer gibt es Weiden, Kiefernwälder und schroffe Felsen zu sehen, dazwischen liegen immer wieder

→ Der Telemark-Kanal wird von Ausflugsschiffen befahren. Dieses gehört dem Dalen Hotel.

← Die Sauna namens Soria Moria in Dalen ist gleichermaßen Wellnessoase und Kunstwerk.
↙ Die Schleuse von Eidsfoss besteht aus zwei Kammern und überwindet insgesamt zehn Meter.
↘ Die Stabkirche Heddal wurde vermutlich 1242 eingeweiht und ist die größte ihrer Art in Norwegen: Das Bauwerk ist ganze 26 Meter hoch.

Dörfer oder Städte. Bei einer Schifffahrt erlebt man das Wechselspiel zwischen engen Wasserstraßen und großen Seen aus nächster Nähe. Dabei passiert man die charakteristischen Schleusen, die immer noch von Hand mittels Kurbeln geöffnet und geschlossen werden.

Im Sommer verkehren vier historische Linienschiffe aus den Jahren 1882 bis 1951. Es gibt mehrstündige Fahrten, Tages- oder längere Ausflüge mit Übernachtung in einem der Hotels am Kanal. Jedes Jahr nutzen rund 40.000 Besucher diese Angebote. Die Schiffe haben einen Innen- und einen Außenbereich sowie Gastronomie – eine komfortable Angelegenheit mit einem Hauch von Nostalgie.

Wer lieber selbst paddeln möchte, kann den Kanal mit Kajak oder Kanu passieren. Besonders lohnt sich der Abschnitt zwischen den Schleusenanlagen von Lunde und Vrangfoss. In der Hauptsaison (Mitte Juni bis Mitte August) werden die Schleusen täglich zwischen 9 und 18 Uhr bedient, und gegen Gebühr dürfen auch Paddelboote die »nassen Aufzüge« nutzen (ab 130 NOK). Alternativ dazu kann man sie an Land den Hügel hinauf- bzw. hinabtragen.

Für Familien bietet sich eine Tour auf dem Fluss Skoelva an, der bei Lunde besonders grüne, fast dschungelhaft anmutende Ufer hat. Und bei Nautesund lockt ein friedliches Vogelschutzgebiet. Außerdem ist es möglich, Paddeln und bequeme Fahrt miteinander zu kombinieren, denn die großen Schiffe können Kajaks und Kanus transportieren. Und Wellness nach landestypischer Manier genießt man in der Soria-Moria-Sauna, einem hypermodernen Häuschen am See Bandak.

Oder lieber trocken bleiben?

Der Kanal eignet sich aber auch zum Radwandern, denn am Ufer führt ein 115 Kilometer langes Teilstück der nationalen Fahrradroute 2 vorbei. Sie gehört zu den neun Radfernwegen Norwegens und führt über 360 Kilometer von Skien über Dalen und Lysebotn (s. S. 77) nach Sandnes. Das erste Drittel verläuft parallel zum Telemarkkanal.

Bei Lysedal gibt es einen gut gesicherten Klettersteig namens Via Ferrata, der den 740 Meter hohen Berg Skrede (Skredefjellet) hinaufführt. Schon Kinder ab sieben Jahren dürfen mitklettern. Das Abenteuer startet beim Gastropub Roan Kroa, wo man die Ausrüstung mit Helm, Seil und Klettergurt erhält. Danach geht es in einer vierstündigen Tour den Berg hinauf zu einem Aussichtspunkt, entweder mit Guide oder auf eigene Faust. Auf einer Holzterrasse am Fels stehen Zelte bereit; die Übernachtung mit atemberaubender Aussicht kann dazugebucht werden.

Für Regentage stehen außerdem im ganzen Regionalpark kulturelle Sehenswürdigkeiten zur Auswahl, etwa die historische Stabkirche in Heddal, die im frühen 13. Jahrhundert komplett aus Holz erbaut wurde.

INFO

BOOTSTOUREN AUF DEM TELEMARKKANAL

Das Unternehmen Telemarkskanalen Booking AS organisiert die Buchung der Bootstouren, sodass man nicht bei den einzelnen Reedereien anfragen muss. Auf der Webseite sind die verschiedenen Angebote auf Englisch schön aufbereitet.
www.booktelemark.no/en,
www.telemarkcanal.com

MUSEEN IN SKIEN: HENRIK IBSEN UND MEHR

Bei Skien liegt ein Elternhaus des bekannten norwegischen Dichters Henrik Ibsen (1828–1906). Die Familie zog auf den Hof Venstøp, als er sieben Jahre alt war, und er lebte dort bis zum Beginn seiner Apothekerlehre mit 15 Jahren. Im Museum erfahren Besucher Wissenswertes über Ibsens Werdegang vom Bauernjungen zum weltbekannten Dramatiker. Außerdem gibt es einen Escape Room, inspiriert vom Theaterstück »Peer Gynt«. Das Museum gehört zum Regionalmuseum Telemarkmuseum, das in Skien noch das Freilichtmuseum Brekkeparken sowie ein Porzellanmuseum betreibt.
www.telemarkmuseum.no

WELTERBE NOTODDEN-RJUKAN

Die Industrielandschaft zwischen den Orten Notodden und Rjukan gehört seit 2015 zum UNESCO-Weltkulturerbe. Mithilfe von Wasserkraft hat das Unternehmen Norsk Hydro dort ab 1905 erstmals Düngemittel industriell hergestellt. Die Produktion war so erfolgreich, dass ganze Werkssiedlungen entstanden.
In Lysbuen befindet sich das Besucherzentrum mit einer Ausstellung zu den Themen Wasserkraft, Industrie und Arbeitersiedlungen.
www.industriarven.no/en

Das UNESCO-Weltkulturerbe Rjukan-Notodden wird im Industriearbeitermuseum Vemork anschaulich erklärt, unter anderem anhand von Turbinen in der ehemaligen Maschinenhalle.

Der Ort Seljord mit rund 3000 Einwohnern liegt am Nordufer des lang gestreckten Sees Sljordsvatn.

4

REGIONALPARK HALDENKANALEN

IM FLUSSREICHEN GRENZLAND

Der »kleine Bruder« des Telemarkkanals verläuft südöstlich von Oslo fast parallel zur schwedischen Grenze. Dort – in der ehemaligen Provinz Østfold – dreht sich alles um Wasser und Wälder. Die drei Schleusentreppen am Haldenkanal funktionieren seit der Eröffnung 1860.

Der Haldenkanal verläuft zwischen Skulerud im Landesinneren und Tistedal am Skagerrak. Damit mündet er in der Nähe des Nationalparks Ytre Hvaler (s. S. 25) ins Meer. Der 80 Kilometer lange Wasserweg besteht aus mehreren Seen, die durch künstlich angelegte Kanalstrecken verbunden sind. Am Kanal liegen drei Schleusentreppen mit insgesamt acht Kammern. Die Schleusen überwinden zusammen eine Höhe von 39 Metern. Die bekannteste befindet sich in Brekke Mit ihrer Höhe von 26,6 Metern – verteilt auf vier Schleusenkammern – ist sie die höchste Schleusentreppe Nordeuropas.

Der Kanal wurde (wie der Telemarkkanal auch) angelegt, um die Holzflößerei aus dem waldreichen norwegischen Hinterland ans Meer zu ermöglichen. Gebaut wurde er bereits zwischen 1852 und 1860, was ihn zu Norwegens ältestem Kanalsystem macht. Die Schleusentreppe von Brekke wurde allerdings erst 1924 fertiggestellt, während die anderen beiden – Ørje und Strømsfoss – ab 1860 in Betrieb waren. Damals hieß der Kanal noch Fredrikshalds-Kanal. Im weiteren Sinn gehört er zum Flusssystem Haldenvassdraget. In Ørje informiert das Haldenvassdragets Kanalmuseum über den Kanal. In den Räumlichkeiten der ehemaligen Holzschleiferei von Ørje Brug wird Wissen über den früher so wichtigen Wirtschaftszweig der Holzflößerei ebenso vermittelt wie über die biologische Vielfalt in der wasserreichen Region.

Das Gebiet um den Haldenkanal gehört zu Norwegens neun Regionalparks. Fünf Gemeinden sind daran beteiligt: Aurskog-Høland, Rømskog, Marker, Aremark und Halden. Mit der Einrichtung des Regionalparks im Jahr 2012 sollen – unter Erhaltung der charakteristischen Natur und Kultur – Wirtschaft und Tourismus in der Gegend ausgebaut werden.

Schifffahrt auf dem Haldenkanal

Als »Königin des Haldenkanals« gilt die 1887 erbaute *D/S Turisten*. Nach Jahrzehnten auf dem Kanal ging sie 1967 im See Femsjøen unter. Erst 1994 wurde sie dort lokalisiert, geborgen und für umgerechnet über eine Million Euro restauriert. Seit 2009 ist sie wieder fahrtüchtig.

Neben der *D/S Turisten* ist auch die *D/S Engebret Soot* im Linienverkehr unterwegs. Sie wurde 1862 erbaut und zählt zu den ältesten Propellerdampfschiffen der Welt. Außerdem kann man auf dem Kanal paddeln. Und bei den Schleusen von Ørje vermietet das Café Sluseporten Båtcafé ulkige Wasserfahrräder für je zwei Personen.

← Im Regionalpark Haldenkanalen befindet sich Europas längste Hängebrücke. Wer sie – natürlich gesichert – überquert, geht in 15 Meter Höhe.
↓ Die Kanonen vor der Festung Fredriksten sind auf die Stadt Halden hin ausgerichtet.

INFO

VIA FERRATA HALDENKANALEN

Bei der Schleusentreppe von Brekke wurde 2021 ein abwechslungsreicher Klettersteig eingerichtet. Wer ihn überwindet, geht auch über eine nervenaufreibende Hängebrücke: Sie misst 124 Meter und hängt 15 Meter über dem Kanal. Der »Abstieg« vom höchsten Punkt erfolgt über eine 250 Meter lange Seilrutsche. Die Anlage ist für Kinder ab zehn Jahren bzw. Personen mit einem Körpergewicht von 40 bis 120 Kilogramm vorgesehen.
www.viaferratahaldenkanalen.no

DIE FESTUNG FREDRIKSTEN

Eine weitere historische Sehenswürdigkeit im Regionalpark ist die Festung Fredriksten auf einem Hügel in Halden (ehemals Fredrikshald). Ihr Bau begann 1661, und sie war bis 1905 – also bis zur Auflösung der schwedisch-norwegischen Union – als Verteidigungsanlage in Betrieb. Heute beherbergt sie ein Museum für Kultur- und Kriegsgeschichte (Fredriksten Museum).
www.ostfoldmuseene.no/fredriksten

5

NATUR- UND KULTURPARK FINNSKOGEN

EIN STÜCK FINNISCHE GESCHICHTE

Als einziger grenzüberschreitender Regionalpark in Skandinavien erstreckt sich der »Finnenwald« über Gebiete in Norwegen und Schweden. Während Norwegen seit Jahren einige Regionalparks hat, war er 2014 der erste seiner Art im Nachbarland.

Die Landschaft wird vom großen Wald Finnskogen dominiert, dem der Natur- und Kulturpark auch seinen Namen verdankt. Dieser liegt in der Klimazone Taiga und ist von grünen Hügeln, Teichen und kleinen Seen durchzogen. Dazwischen gibt es immer wieder Bauernhöfe, und zwar auf Lichtungen, die finnische Siedler durch Brandrodung nutzbar gemacht haben.

Etwa ab 1570 ließ sich in der Region eine Gruppe finnischer Auswanderer nieder, die auf der Suche nach besseren Lebensbedingungen waren. Sie brachten ihre Kultur, Sprache und Traditionen (inklusive Sauna und typischer Gerichte) mit und etablierten Siedlungen mit Landwirtschaft auf finnische Art. Nicht nur die Bauweise, sondern auch die Methode, Roggen auf dem Boden eines abgebrannten Kiefernwalds anzubauen, war typisch für ihre Heimat. Einige der alten Höfe können heute noch besichtigt werden. Außerdem gibt es in der Gegend alte finnische Grabfelder.

Unterwegs auf alten Pfaden

Durch den Regionalpark verläuft der 240 Kilometer lange Wanderweg Finnskogleden. Er ist leicht begehbar und für alle Altersklassen geeignet. Die Strecke zwischen Morokulien und Søre Osen ist in 13 Abschnitte eingeteilt und überquert mehrmals die norwegisch-schwedische Grenze. Der Fernwanderweg folgt den alten Pfaden finnischer Siedler durch die Wälder, am Wasser entlang, über Hügel und vorbei an kleinen Höfen. Am Weg liegen mehrere Übernachtungsmöglichkeiten. Man kann in einfachen Schutzhütten campen oder auch private Häuschen mieten.

Der letzte »Waldfinne«

Die Besiedlung im »Finnenwald« war eine rein finnische Kolonie und blieb etwa 250 Jahre lang isoliert. Als um 1870 die ersten Straßen durch den Wald gebaut wurden, löste sie sich allmählich auf. Mittlerweile ist die finnische Sprache im Finnskogen fast ausgestorben. Einige Moore, Teiche, Felsen und Siedlungen tragen jedoch noch die von den Finnen vergebenen Namen. Der letzte Nachkomme der finnischen Einwanderer war der Waldarbeiter Johannes Johansson Oinonen (1874–1965) mit dem Spitznamen »Niittahon Jussi«. Bei Führungen erzählen die Guides gerne Anekdoten aus seinem Leben. Der Natur- und Kulturpark Finnskogen ist ein Gemeinschaftsprojekt von sieben Gemeinden: Åsnes, Våler, Grue, Elverum, Kongsvinger und Trysil in Nowegen sowie Torsby auf der schwedischen Seite.

INFO

MUSEUM AUF DER SCHWEDISCHEN SEITE
Torsby verfügt über ein Besucherzentrum (Torsby Finnskogscentrum), das sich auf das »waldfinnische« Kulturerbe konzentriert und diesen speziellen Aspekt der nordischen Geschichte in einer modern gestalteten Ausstellung aufbereitet. Es geht um die finnischen Siedler, aber auch um andere Gruppen, die in der nordischen Waldlandschaft gelebt haben, in der die Ländergrenze keine Rolle zu spielen scheint.
www.varmlandsmuseum.se/finnskogscentrum

KULTURDENKMÄLER IN NORWEGEN
Auch auf der norwegischen Seite gibt es ein »Waldfinnen-Museum« (Norsk Skogfinsk Museum), doch seine »Ausstellung« verteilt sich auf acht Standorte. Außerdem stehen in der Gemeinde Kongsvinger drei Stellen unter Denkmalschutz: ein Badehaus (Badstua på Nedre Øieren) sowie zwei ganze Siedlungen (Abborhøgda und Orala).
www.skogfinskmuseum.no

← Winter im »Finnenwald« in der Nähe der Stadt Kongsvinger: Wenn Schnee liegt, ergibt sich ein besonders starker Kontrast.
↑ In Trysil im Norden des Waldgebiets kann man abendliche Ausflüge zu Pferd erleben.

6

MEERESNATIONALPARK JOMFRULAND

KLEINOD VOR DER KÜSTE TELEMARKS

Das »Jungfrauenland« ist eine längliche Insel im Skagerrak. Auf kleinster Fläche kommen zahlreiche Pflanzenarten vor, außerdem nisten rund hundert verschiedene Vögel. Zwei Leuchttürme ragen aus der sonst flachen Umgebung hervor.

Eigentlich ist die Insel Jomfruland ein Ganzjahresziel: Die Fähre ab Kragerø verkehrt auch im Winter, ein Spaziergang am Steinstrand ist bei Wind und Wetter besonders eindrucksvoll, und rund 65 Menschen wohnen ohnehin dauerhaft auf der Insel. Doch für die meisten Besucher beginnt die Saison im Mai, wenn Buschwindröschen den Boden der Laubwälder bedecken. In Norwegen ist dieser Anblick selten.

Auf der bescheidenen Fläche von 7,1 mal 1 Kilometer hat Jomfruland eine beachtliche Artenvielfalt vorzuweisen. Die Vogelwelt ist besonders interessant. Seit 1969 gibt es eine Vogelschutzwarte, die jährlich zwischen 7000 und 12.000 Vögel beringt. Knapp hundert Arten wurden bisher beim Nisten beobachtet, etwa die Hälfte davon jährlich. Wenn der Frühling in den Sommer übergeht, zwitschern Sperbergrasmücken und andere Sperlingsvögel im Dickicht und in den Wäldern. Als der seltene Grünlaubsänger 1992 auf Jomfruland nistete, war das eine Premiere für ganz Norwegen. Und der leuchtend gelbe Pirol wurde bisher landesweit nur auf Jomfruland verortet. Diese Seltenheit würdigt die lokale Vogelwarte in ihrem Logo.

Durch ihre Lage und Form schottet Jomfruland die dahinter liegenden Inseln vom Skagerrak ab. Zwei Leuchttürme haben Seefahrern bei der Orientierung geholfen: der erste ab 1839 und der zweite ab 1939, mit einer beeindruckenden Höhe von 37 Metern. Sie stehen noch nebeneinander. Im alten Leuchtturm ist heute ein Museum eingerichtet. Nach der Insel Jomfruland ist der Nationalpark benannt, der 2016 eingerichtet wurde und damit zu Norwegens jüngsten gehört. Dabei handelt es sich um einen Meeresnationalpark mit einer Gesamtausdehnung von 117 Quadratkilometern. Der Großteil davon – ganze 98 Prozent – liegt unter Wasser.

Bildschönes Kragerø

Der Nationalpark Jomfruland liegt in der Küstengemeinde Kragerø, die 495 Inseln und Schären sowie 4000 Ferienhäuschen zählt. Der Hauptort bietet sich für eine Übernachtung an. Er ist so idyllisch, dass Edvard Munch (1863–1944) ihn als »Perle unter den Küstenstädten« bezeichnet hat. Sein Künstlerkollege Christian Krohg (1852–1925) meinte: »Diese Stadt muss man einfach malen!« Und zum kulturhistorischen Berg-Kragerø-Museum gehört das Kittelsenhaus (Kittelsenhuset) mit einer Ausstellung über das Leben und Werk des aus Kragerø stammenden Malers Theodor Kittelsen (1857–1914).

← Die Insel namens »Jungfrauenland« zeichnet sich durch eine felsige Küste aus, an der sich die Wellen hörbar brechen.
↓ Der Ort Kragerø mit etwa 5400 Einwohnern lockt mit seinem maritimen Charme.

INFO

ÜBERFAHRT PER FÄHRE

Mit den Fähren von Kragerø Fjordbåtselskap IKS kommt man von Kragerø in etwa einer Stunde auf die Insel Jomfruland. Es werden neben Passagieren sowohl Fahrräder als auch Autos befördert. Wer in Kragerø, auf Jomfruland oder einer der anderen angefahrenen Inseln Urlaub macht, kann eine günstige Wochenkarte lösen. Grundsätzlich dürfen nur Einheimische auf Jomfruland Auto fahren, aber Urlauber können gegen Gebühr ihre Unterkunft anfahren.
www.fjordbat.no

UNESCO-GEOPARK GEA NORVEGICA

Jomfruland und Kragerø bilden das südwestliche Ende des ersten Geoparks in Skandinavien: Gea Norvegica. Dieser umfasst ein Areal von fast 4000 Quadratkilometern in den Nachbarregionen Telemark und Vestfold. Der Park reicht bis nach Larvik an der Küste sowie bis Ulefoss und Lardal im Landesinneren. Das Gebiet ist interessant, weil dort die alte skandinavische Geologie auf die jüngere Geologie Kontinentaleuropas trifft. Neben Kragerø und Larvik sind Skien, Nome, Siljan, Bamble und Porsgrunn lohnende Ausflugsziele innerhalb des Geoparks.
www.geoparken.com

7

NATUR- UND KULTURPARK VALDRES

BÄUERLICHER CHARME

In der Region Valdres leben die Menschen seit Jahrhunderten von und mit der Natur – vor allem als Bauern. Nirgendwo sonst in Skandinavien ist die Dichte an aktiven Sommerbergbauernhöfen so hoch.

Der Natur- und Kulturpark Valdres im Süden Norwegens besteht aus einem ländlichen Gebiet, das durch die Einrichtung des Regionalparks im Jahr 2007 urbaner werden soll. Dabei wird Wert auf Pflege und Erhaltung der bestehenden Natur, Kultur und Traditionen gelegt. Nachhaltiger Fortschritt ist in der wirtschaftlichen Arbeit des Parks sehr wichtig. Dennoch soll die Region für Bewohner und auch für Besucher attraktiv gestaltet werden.

Zum Park gehören sechs Gemeinden. Zusammen ergeben sie ein nierenförmiges Gebiet, das sich von den üppigen grünen Tälern im südlichen Sør-Aurdal zur imposanten Bergwelt mit einigen Zweitausendern im nördlichen Vang erstreckt. Dazwischen liegen Etnedal, Nord-Aurdal, Vestre Slidre und Øystre Slidre.

Radeln und Wandern zu typischen Bauernhöfen

Die Region Valdres ist ein wichtiges Zentrum der norwegischen Landwirtschaft. Kein anderes Gebiet in Nordeuropa hat noch so viele aktive Sommerbergbauernhöfe wie das Valdres-Tal: Mit rund 200 *Støler*, wie diese hier genannt werden, und ihren Rindern, die auf den Weiden umherstreifen, zeichnet sich das Gebiet durch eine hohe Dichte an Nutztieren aus. Über die Jahrhunderte hat sich eine Symbiose zwischen Mensch und Natur herausgebildet, und die Kulturerbestätten sind eingebettet in eine vielfältige Natur mit Feuchtgebieten bis zu Berggipfeln.

Diese einzigartige Kulturlandschaft erkundet man am besten zu Fuß. Der »Bauernhof-Wanderweg« (Stølsruta) zeigt auf 67 Kilometern seine schönsten Seiten. Für die Wanderung von Tisleidalen über Nøsen und Syndinstøga sollte man fünf Tage reservieren. In der hügeligen Landschaft namens Stølsvidda findet man Spuren früherer Bewohner, die an Jagd, Eisengewinnung, Heuernte und vieles mehr erinnern.

Durch diese charakteristische Landschaft führt außerdem der »Milchweg« (Mjølkeruta oder Mjølkevegen): ein 250 Kilometer langer Fernradweg von Vinstra nach Gol über Bygdin, wo sich eine Bootstour in den angrenzenden Nationalpark Jotunheimen (s. S. 44) anbietet. Der Radweg gehört zu Norwegens reizvollsten und hat seinen Namen, da auf der Strecke bis heute die frische Milch von den Bauernhöfen in die Molkereien im Tal gefahren wird. Es kann also sein, dass einem unterwegs Kühe oder auch Schafe und Ziegen über den Weg laufen. In den abgelegenen Gebieten kann man sogar Rentiere beim Weiden beobachten.

INFO

MITTELALTERLICHE STABKIRCHEN

Valdres ist Norwegens Region mit der höchsten Dichte an Stabkirchen: Ganze sechs der landesweit 28 erhaltenen Exemplare befinden sich dort. Diese mittelalterlichen Holzkirchen wurden zwischen 1150 und 1350 gebaut. Sie bergen zahlreiche mystische Symbole, die den Besuch besonders spannend machen. Im Sommer sind sie mehrere Tage pro Woche geöffnet, und man kann an Führungen teilnehmen. In der Touristeninformation von Fagernes ist ein »Kirchenpass« *(Kirkepasset i Valdres)* erhältlich. Wer Stempel von allen Kirchen sammelt, bekommt eine Belohnung.
www.valdres.no

HEIMATMUSEUM & TRACHTENKULT

Das Valdres-Museum (Valdresmusea) hat fünf Standorte in der Region. In Fagernes befindet sich das Freilichtmuseum Valdres Folkemuseum mit rund hundert Gebäuden. Es zeigt außerdem eine Ausstellung über (traditionelle sowie konstruierte) Trachten, die viel zitierte *Bunad*. Das norwegische Institut für Bunad und Volkstracht ist ein Teil des Valdres-Museums.
www.valdresmusea.no

← Im idyllischen Tal von Fagernes findet man Sommerweiden wie aus dem Bilderbuch.
↑ Im Volksmuseum (Valdres Folkemuseum) leben die Traditionen: Da wird regelmäßig die Fiedel gezückt, um Volkstänze zu begleiten.

8

NATIONALPARK JOTUNHEIMEN

WELT DER RIESEN

Im höchsten Gebirge Skandinaviens erheben sich 20 Berge über 2300 Meter und noch Hunderte weitere Gipfel mit mindestens 1900 Metern. Die Wanderung über den Besseggen-Grat bewegt sich zwar »nur« auf 1743 Metern, ist unter Bergfreunden aber Kult.

Die hochalpine Landschaft im höchstgelegenen Teil der Skanden erhielt ihren Namen vom norwegischen Dichter Aasmund Olavsson Vinje (1818–1870). Dabei ließ er sich von der nordischen Mythologie inspirieren, in der Jötunheim wortwörtlich als »Heimat der Riesen« bezeichnet wird. Und tatsächlich geht's dort hoch her: Mehr als 250 Gipfel sind höher als 1900 Meter, 20 sogar über 2300 Meter. Außerdem liegen im Nationalpark Jotunheimen die beiden höchsten Berge Norwegens: der Galdhøpiggen (2469 Meter) und die fünf Meter niedrigere »Glitzerzinne« (Glittertind).

Das Gebirge bedeckt eine Fläche von etwa 3500 Quadratkilometern. Das charakteristischste Drittel davon ist seit 1980 ein Nationalpark, der zu jeder Jahreszeit besondere Reize hat. Die Berghänge ziehen im Sommer Wanderer, Kletterer und Bergsteiger an, und im Winter kommen Skifahrer. Auf den tosenden Flüssen suchen Wildwasser-Rafter aus der ganzen Welt den Adrenalinkick. Und Höhlenforscher erkunden Kalkstein- und Eishöhlen, die unter den Gletschern entstanden sind.

Kultwanderung mit Bootsfahrt

Bei einer Wanderung über den bekannten Besseggen-Grat fühlt es sich wirklich so an, als würde man den Himmel berühren: Man geht in einer Höhe von 1743 Metern von der Schutzhütte Memurubu zu jener von Gjendesheim (oder umgekehrt). Das Einzigartige an dieser Wanderung ist die spektakuläre Aussicht auf zwei Seen an der schmalsten Stelle: Links liegt der blaue Bessvatnet, und rechts zieht sich der 18 Kilometer lange Gjende wie eine nasse Schlange durchs Tal; Lehm und Gesteinsmehl von Gletscherabflüssen verleihen dem Gewässer einen grünen Schimmer.

Die 14 Kilometer lange Wanderung dauert sechs bis acht Stunden (inklusive Pausen) und setzt gewisse Vorerfahrung voraus, da der Grat windig und steil ist. Es werden auch geführte Wanderungen in der Gruppe angeboten. Zwischen beiden Punkten verkehrt eine Fähre über den länglichen See Gjende (Gjendebåten). Die meisten Besucher legen den Weg von Gjendesheim nach Memurubu auf dem Wasser zurück, weshalb sich die Buchung der Fahrkarte im Voraus empfiehlt. In die umgekehrte Richtung ist meistens wenig los – ein Tipp für Spontane. Die Saison dauert von Mitte Juni bis Mitte Oktober; dann lässt sich die Tour schneefrei bewältigen, außerdem verkehren so lange die Boote auf dem See Gjende.

← Sich ganz klein zu fühlen, gehört zu einem Besuch im Nationalpark dazu: Nicht umsonst heißt Jotunheimen so viel wie »Welt der Riesen«.
↓ Die Stabkirche von Lom stammt aus dem 12. Jahrhundert und wurde 1933 renoviert.

INFO

LOM & DAS NORWEGISCHE BERGZENTRUM

Als Nationalparkhaus bedient das Norsk Fjellsenter in Lom die Parks Jotunheimen, Breheimen und Reinheimen. Die preisgekrönte Ausstellung beschäftigt sich mit der eisigen Bergwelt. Seit der Neueröffnung im Juni 2023 sind zudem 70 bahnbrechende archäologische Funde zu sehen, die vom Eis konserviert wurden. In Lom befindet sich außerdem eine prächtige Stabkirche. Die offizielle Landschaftsroute Sognefjellsvegen führt aus dem Dorf heraus und über den höchsten Gebirgspass Nordeuropas.
www.norskfjellsenter.no

EINE EISHÖHLE ERKUNDEN

Am Fuße des Berges Galdhøpiggen liegt der Outdoor-Erlebnispark »Klimapark 2469« auf 1800 Meter Höhe. Seine größte Attraktion ist der Eistunnel, der 70 Meter in den Berg vorstößt. Wer ihn besucht, reist quasi 7000 Jahre in der Zeit zurück. Eisskulpturen und archäologische Funde sorgen für zusätzliche Abwechslung.
www.klimapark2469.no

Ein besonders fotogener Ort im Nationalpark Jotunheimen ist der unter Wanderern bekannte Besseggen-Grat mit Blick auf zwei Seen.

9

NATIONALPARK RONDANE

NORWEGENS ERSTER NATIONALPARK

Schon seit 1962 steht Rondane unter dem höchsten Naturschutz. Mit seinen schroffen Bergen hat die Landschaft das berühmte dramatische Gedicht »Peer Gynt« von Henrik Ibsen inspiriert und ist damit zu einem Symbol der reizvollen norwegischen Natur geworden.

Es war nicht der Staat, sondern ein Einheimischer aus Otta namens Norman Heitkøtter, der den Anstoß zur Bildung von Norwegens erstem Nationalpark gab. Für ihn waren es die wilden Rentiere, die mitsamt ihrem Lebensraum besonderen Schutz benötigten. Man geht davon aus, dass es in Rondane seit rund 10.000 Jahren Rentiere gibt. Der Nationalpark zählt zu den wenigen Orten in Skandinavien, wo sie noch wild vorkommen; die meisten Rentiere, die sich sonst dort tummeln, sind nämlich von den Samen gezähmt.

Bei der Einrichtung des Nationalparks im Jahr 1962 umfasste das Gebiet 572 Quadratkilometer. Seit der Erweiterung 2003 misst der Nationalpark ganze 963 Quadratkilometer. Damit ist die Rentierpopulation, die auf 2000 bis 4000 Tiere geschätzt wird, noch besser geschützt. Ein charakteristischer Anblick sind die unzähligen Steine, die von gelb-grünlichen Flechten überzogen sind. Angesichts der sonst spärlichen Vegetation bildet die Echte Rentierflechte für die »Ehrenbürger« des Nationalparks eine wichtige Nahrungsgrundlage.

← Rondslottet, der höchste Punkt des Nationalparks, spiegelt sich in einem namenlosen See.

Außerdem gibt es Elche, Rehe, Moschusochsen, Vielfraße, Luchse und Bären. Unter den kleineren Tieren finden sich Mäuse und Lemminge. Auch Raubvögel sind in Rondane heimisch, und unter den »friedlichen« Vogelarten finden sich der Mornellregenpfeifer und die Spornammer.

Zerfurchte Berglandschaft

Der Nationalpark Rondane zeigt sich als alpine Hochgebirgslandschaft mit zahlreichen Hochplateaus. Die nördliche Hälfte ist von hohen Gipfeln geprägt, während der Nationalpark im Süden flacher ausläuft. Zwischen den Bergen liegen tiefe, u-förmige Täler, außerdem wechseln sich Heideland, Geröllfelder und Wälder ab. Teils liegen in den Tälern gletscherartige Gebilde, doch das Klima ist mild und trocken, und für die Ausbildung richtiger Gletscher fällt zu wenig Niederschlag.

Ab einer Höhe von etwa 1500 Metern besteht die Landschaft (fast) nur noch aus kahlen Felsen. Eine Blume, die es sogar auf 1700 Metern schafft zu überleben, ist der Gletscher-Hahnenfuß. Und die Alpen-Bärentraube sticht durch ihre knallrote Farbe aus der Umgebung hervor.

Eine Besonderheit der Landschaft sind die Toteisseen. Sie sind während der letzten Eiszeit entstanden, indem Eisblöcke von den Gletschern abgetrennt wurden und später langsam abschmolzen. Außerdem ziehen sich Wallberge aus Sand und Kies in Bögen durch die Landschaft. Im Park gibt es auch einige Schluchten. Die bekannteste ist Jutulhogget mit einer Länge von 500 Metern.

In diesem bergigen Reich der Rentiere gibt es auch für zweibeinige Besucher viel zu erleben. Der Nationalpark ist durch zahlreiche Wanderwege gut erschlossen. Diese sind deutlich markiert: Das rote »T« entspricht dem Logo des norwegischen Wandervereins (Den Norske Turistforening, kurz DNT).

Ein Klassiker unter den verschiedenen Strecken ist das »Dreieck« (Trekanten) zwischen den Punkten Rondvassbu, Døràlseter und Bjørnhollia. Für diese rund 60 Kilometer lange Wanderung in vier Etappen sollte man vier, fünf Tage einplanen. Wer sich die Zeit nimmt, umwandert Rondanes größte zusammenhängende Bergkette, die von den Gewässern Rondvatnet, Illmanndalen und Langglupdalen umgrenzt wird.

In diesem Teil des Gebirges erhebt sich der höchste Berg des Nationalparks: der 2178 Meter hohe Rondslottet, der im Jahr 1875 zum ersten Mal bestiegen wurde. Er ist einer von insgesamt zehn Zweitausendern in Rondane. Im Sommer (Ende Juni bis Mitte September) fährt zweimal täglich ein Boot von Rondvassbu ans Nordende des knapp vier Kilometer langen Sees Rondvatnet (Fahrplan auf rondvassbu.dnt.no). Übrigens: Von diesem See, der in der Mitte des Nationalparks liegt, können alle Zweitausender-Gipfel im Rahmen eines Tagestrips erreicht werden.

Ab der Mitte des 19. Jahrhunderts besuchten viele Künstler das Gebiet des heutigen Nationalparks und machten mit ihren Gemälden auf die Bergwelt aufmerksam. Besondere Aufmerksamkeit brachte der norwegische Nationaldichter Henrik Ibsen (1828–1906): In seinem Meisterwerk »Peer Gynt«, einem lyrischen Drama von 1876, spielen ganze Szenen »im Rondegebirge«. Die Erwähnung machte das Gebiet zu einem Wahrzeichen der landschaftlichen Schönheit Norwegens. An anderer Stelle reitet der Protagonist über einen Grat, vermutlich den Besseggen im Nationalpark Jotunheimen (s. S. 44).

Literaturfans werden die Gelegenheit nutzen wollen, im Nationalpark Rondane in der Peer-Gynt-Hütte zu übernachten, die idyllisch an einem Bach liegt. Genau in dieser Steinhütte hörte Peder Christen Asbjørnsen (1812–1885), ein Sammler norwegischer Märchen, die Legende von Pe(e)r Gynt zum ersten Mal – und zwar schon 1842. Bei dem Feenmärchen handelt es sich nämlich um einen Stoff aus der Folklore; Henrik Ibsen baute sein Werk auf Asbjørnsens Arbeit auf. Wer sich davor fürchtet, nachts vom schleimigen Schlangenmonster »Bøygen« heimgesucht zu werden, kann auch nur tagsüber vorbeikommen. In der Hochsaison werden in der »Steinbua« Sahnewaffeln und Getränke serviert.

Abertausendjährige Geschichte

Im Park wurden konservierte Birken gefunden, die 8500 Jahre alt sind. Das Leben im Park begann aber wahrscheinlich schon während der letzten Eiszeit, also vor rund 10.000 Jahren, als das Gebirge seine heutige Form durch die Bewegungen des abschmelzenden Eises erhielt.

An verschiedenen Orten im Park – beispielsweise bei Gravhø und Bløyvangen – hat man Fallen und Unterschlüpfe von Jägern gefunden. Sie dienten dazu, Rentiere anzulocken und zu fangen. Die ältesten Fallen können 3500 Jahre alt sein, doch die meisten Funde – darunter auch Häuser und Siedlungen – stammen aus der Zeit zwischen 500 bis 700 n. Chr.

← Moschusochsen kommen in ganz Norwegen nur an einem Ort vor: dem Dovrefjell-Gebirge.
↗ Atemberaubende Natur trifft norwegisches literarisches Kulturgut in der Peer-Gynt-Hütte. Dort können Wanderer übernachten.

INFO

NATIONALPARK DOVRE & BESUCHERZENTRUM

Im Norden schließt gleich der nächste Nationalpark an: Dovre (nicht zu verwechseln mit Dovrefjell-Sunndalsfjella!). Er wurde 2003 eingerichtet und ist mit 289 Quadratkilometern deutlich kleiner als Rondane. Auch dort stehen die wilden Rentiere im Mittelpunkt des Naturschutzinteresses. In Hjerkinn informiert das Besucherzentrum (Norsk villreinsenter Nord/Besøkssenter villrein) in der 2021 eröffneten Ausstellung über die faszinierende Tierart.
www.villrein.no, www.rondane-dovre.no

AUSSICHTSPLATZ AN DER LANDSCHAFTSROUTE

Zwischen Muen im Süden und Folldal im Norden verläuft eine 75 Kilometer lange Panoramastraße – eine der 18 offiziellen norwegischen Landschaftsrouten. Diese zeichnen sich durch moderne Architektur am Straßenrand aus, die zum Anhalten einlädt. An dieser Strecke ist das Highlight die Aussichtsplattform Sohlbergplassen am See Atnsjøen. Sie ist nach dem Maler Harald Sohlberg (1869–1935) benannt, der an der gleichen Stelle sein bekanntestes Bild malte: Von der »Winternacht in Rondane« *(»Vinternatt i Rondane«)* entstanden zwischen 1901 und 1924 mehrere Versionen.
www.nasjonaleturistveger.no

Von der Aussichtsplattform Sohlbergplassen hat man einen wortwörtlich malerischen Ausblick auf die landschaftliche Schönheit von Rondane.

10

NATIONALPARK FEMUNDSMARKA

GRENZENLOSES PADDELVERGNÜGEN

Der Nationalpark Femundsmarka ist Teil der größten zusammenhängenden Wildnis Südskandinaviens. Zahlreiche Seen und Wasserwege eignen sich für Touren per Kajak und Kanu sowie zum Angeln. Jenseits der nahen schwedischen Grenze geht die Landschaft im Nationalpark Töfsingdalen weiter.

Der 573 Quadratkilometer große Nationalpark Femundsmarka liegt ganz im Westen des Landes, auf einer Höhe mit der UNESCO-Welterbestadt Røros. Er ist nach dem 60 Kilometer langen See Femund benannt, der das Schutzgebiet im Westen begrenzt und Norwegens zweitgrößtes natürliches Binnengewässer bildet. Das Wort *mark* steht im Norwegischen für »Waldgebiete«.

Demnach wird die Landschaft von Wäldern dominiert und zeichnet sich durch eine Vegetation aus alten Kiefern aus. Abgestorbene Bäume sind oft noch im Boden verwurzelt und werden zu silbrigen Baumleichen. Irgendwann fallen sie um und bieten vielen Tieren und Pflanzen einen Lebensraum. Auf dem abgestorbenen Holz siedeln sich etwa Moose an.

Der höchste Punkt des Nationalparks ist der Store Svuku mit 1415 Metern. Er befindet sich im Südwesten und wird aus mehreren Richtungen von Wanderwegen angesteuert. Die Besteigung ist nicht sonderlich schwer: Da der Nationalpark schon erhöht liegt, müssen zum Gipfel nur noch 585 Höhenmeter überwunden werden. Oben wird man mit einer großzügigen Aussicht auf die Landschaft belohnt. Auch sonst ist der Nationalpark mit ausgeschilderten Wegen gut erschlossen. Der norwegische Wanderverein DNT hat den Park sogar zu einem der besten Wandergebiete des Landes erklärt.

Ein Zehntel des Nationalparks ist von Wasser bedeckt. Von schwedischer Seite her münden mehrere Fließgewässer – darunter Røa und Mugga – in den Femunden. In den Flüssen und Seen gibt es einen artenreichen Fischbestand. Äsche, Barsch und Hecht dominieren in den Seen Revsjøen und Styggsjøene. Grøtåa, Mugga, Røa und Rogen weisen außerdem viele Forellen auf.

Leicht zugänglich dank Fähre und Besucherzentrum

Im südlicheren Elgå befindet sich außerdem das Nationalparkhaus, das sich mit seiner Holzarchitektur und dem bewachsenen Dach in die Umgebung einfügt. Seine Ausstellung informiert nicht nur über die Natur und die Tiere im Nationalpark und seine Geschichte, sondern beschäftigt sich auch mit der Kultur und Lebensweise der Samen.

Der Park kann zwar ganzjährig besucht werden, doch die meisten Wanderer und Paddler kommen im Juli und August. Dann verkehrt das Schiff *MS Fæmund II* (Jahrgang 1902!) auf dem See – von Synnervika im Norden nach Elgå im Süden und zurück. Die Route wird schon seit 1886

→ Beim Paddeln muss man sich ins Zeug und manchmal auch in die Kurve legen.

← Auch im Herbst, wenn die Natur golden leuchtet, hat die Femundsmarka ihren Reiz.
↙ Hütten wie diese erinnern daran, dass der heutige Nationalpark einst (dünn) besiedelt war.
↘ Laut dem norwegischen Wanderverein DNT gilt der Nationalpark Femundsmarka landesweit zu den besten Zielen für alle, die gern zu Fuß gehen.

bedient. Insgesamt werden acht Stopps angefahren, sodass Besucher zu den verschiedenen Teilen des Parks gelangen können. Anfänger und Familien mit Kindern fahren gerne bis Røa, wo das wilde Abenteuer sofort anfängt: Knorrige Bäume, Fließgewässer und kletterfreundliche Felsformationen können Groß und Klein lange beschäftigen.

Im Winter ist der See zugefroren und kann mit Skiern überquert werden. Außerdem können sich Angler dann im Eisfischen versuchen. Die besten Chancen auf einen Saiblingsfang bestehen an den Gewässern bei Røvolfjellet, Revlingsjøene, Rønsjøen sowie in den kleineren Seen von Engertal. Zum Angeln benötigt man einen Angelschein, der bequem im Internet gelöst wird (www.inatur.no).

Übernachten wie ein Holzfäller

Der DNT unterhält im Nationalpark Femundsmarka zahlreiche Unterkünfte – vom Gästehaus mit vielseitigem Serviceangebot bis hin zur einfachen Schutzhütte mit Feuerofen. Rund um den See Femunden stehen 20 unverschlossene Holzhütten, die mit Feuerholz ausgestattet sind und kostenlos genutzt werden können. Diese urigen Hütten stellen ein bedeutendes Kulturerbe dar: Sie wurden früher von Holzfällern und Holzflößern genutzt. Besucher können auf authentische Weise erfahren, wie es für die Arbeiter war, dort für eine längere Zeit zu leben. Von 1743 bis 1834 gab es in der Femundsmarka nacheinander zwei Schmelzhütten für Kupfer. Direkt an der schwedischen Grenze sind noch Spuren der Holzfällung und der Kohleöfen zu sehen.

In der Femundsmarka weiden schon seit dem 17. Jahrhundert die Rentierherden der Samen. Der Nationalpark ist nämlich der südlichste Siedlungsbereich des nordeuropäischen Urvolks in Norwegen. 1971 wurde schließlich der Nationalpark eingerichtet, um die Landschaft vor der Nutzung durch Wasserkraft zu schützen. Damals umfasste er ein Areal von 381 Quadratkilometern; 32 Jahre später wurde er auf 573 Quadratkilometer erweitert.

INFO

NATIONALPARK GUTULIA

Etwas weiter südlich liegt der »Zwerg« unter den norwegischen Nationalparks: Gutulia mit nur 23 Quadratkilometern. Vom höchsten Punkt in der Mitte – dem rundlichen, 949 Meter hohen Gutulivola – kann man so ziemlich das ganze Gebiet überblicken. Man sieht unter anderem den zweithöchsten Gipfel des Nationalparks (Baklivola) sowie die höheren Berge der Femundsmarka im Norden. Am Südzipfel des Sees Gutulisjøen befindet sich die Alm Gutulisetra mit drei Weiden, die seit der Zeit um 1750 genutzt wurden. Doch die Idylle der dunkelbraunen Blockhäuser trügt: Mähen, Melken und die Milchverarbeitung waren damals harte Arbeit.
www.graenslandet.se

Seit rund 400 Jahren lassen die Samen der Region ihre Rentierherden im Nationalpark Femundsmarka weiden.

SPECIAL
WILDTIERE BEOBACHTEN

AUF DEN SPUREN VON ELCH & CO

In den unberührten Teilen Norwegens finden kleine und große Wildtiere den passenden Lebensraum. Bei einer Wildtiersafari zu Land oder Wasser kommt man ihnen auf sichere Weise näher.

Der König des Waldes hat in Norwegen viele Hoheitsgebiete. Eines davon ist die Vesterålen-Insel Andøya, wo Elchsafaris in besonderen Gefährten angeboten werden und man die Tiere – mit etwas Glück – in ihrem natürlichen Lebensraum sieht. Weniger wild, dafür garantiert ist die Begegnung im Elchpark Svartisen Moose. Und in Ostnorwegen (zwischen dem Regionalpark Valdres und dem Nationalpark Rondane (s. S. 42 und 49) nennt sich ein Landstrich sogar »Elchland« (Elgland), weil dort jedes Jahr eine beeindruckende Wanderung der Tiere stattfindet. Wer sich die beste Aussicht gönnen will, übernachtet ganz exklusiv im »Elchturm« (Elgtårnet, www.elgtarn.no).

Moschusochsen im Dovrefjell-Gebirge

An keinem anderen Ort in Norwegen – und auch weltweit selten – kommen Moschusochsen vor. Diesen struppigen Paarhufern mit dem lateinischen Namen *Ovibos moschatus*, die bis zu einer halben Tonne schwer werden,

← Für Seeadler-Sichtungen sind vor allem die Lofoten bekannt.
↙ Der König des Waldes kann in Norwegen häufig angetroffen werden. Wer ihn sehen will, hat die wahl zwischen Elchpark und Safari.
↓ Moschusochsen sind die Exoten der norwegischen Tierwelt und landesweit nur in einem Gebirge anzutreffen.

kann man im Sommer (seltener auch im Winter) bei einer geführten Wanderung begegnen. Ihre Vorläuferart hat sich vermutlich im Pleistozän vor einer Million Jahren entwickelt.

Papageientaucher auf der »Vogelinsel« Runde

Wer gerne Vögel beobachtet, kann an vielen in diesem Buch vorgestellten Orten unvergessliche Sichtungen erleben. Etwas Besonderes sind die niedlichen Papageientaucher, die an mehreren Stellen in Norwegen vorkommen. In der sehenswerten Jugendstil-Stadt Ålesund beginnen beispielsweise Ausflüge zur Insel Runde, deren Klippen im Sommer von einer halben Million Meeresvögeln bevölkert werden, darunter auch Papageientaucher. Weil diese tagsüber zum Jagen ausfliegen, kann man sie auf der Insel erst abends beobachten.

Seeadler am Trollfjord

Wer die Lofoten-Inseln besucht, sollte dort die Gelegenheit zu einer Seeadler-Safari wahrnehmen. Im Hauptort Svolvær starten Bootsfahrten in den zwei Kilometer langen Trollfjord, der die Grenze zwischen den Inselgruppen Lofoten und Vesterålen bildet. Am Anfang, wo der Fjord in den Raftsund mündet, ist er nur hundert Meter breit und von steil aufragenden Bergen gesäumt. In dieser magisch anmutenden Umgebung haben sich Seeadler eingenistet.

Wale im hohen Norden

Vor der Küste der Inselgruppe Vesterålen (nahe den Lofoten) tummeln sich das ganze Jahr über die gigantischen Säugetiere aus dem Wasser. Geführte Touren starten in den beiden Städtchen Stø und Andenes. Letzteres wird zudem bald die Attraktion »The Whale« beherbergen – die Eröffnung ist für 2026 geplant.

Die Aussicht auf den Oslofjord vom Strand bei Larkollen

RUND UM OSLO

Auch wer »nur« die Hauptstadt bereist, erlebt typisch norwegische Naturhighlights: Inseln, Waldgebiete, Seen und so manche Erhebung.

11

HOVEDØYA

INSELHÜPFEN IM OSLOFJORD

Weniger als ein Kilometer trennt die »Insel mit dem Haupt« von der norwegischen Hauptstadt. Dort wartet Schärenidylle mit einer Prise Kulturgeschichte: Es gibt unter anderem eine Klosterruine zu besichtigen.

Der Name Hovedøya lässt sich mit »Hauptinsel« übersetzen, was aber nichts mit einer wichtigen Bedeutung, sondern vielmehr mit einer Erhebung auf der Ostseite der Insel zu tun hat und eher Haupt im Sinne von »Kopf« bedeutet. Auf dem 47 Meter hohen Hügel Hovedøykollen stand im Mittelalter ein Turm, von dem aus die Einfahrt nach Oslo überwacht wurde.

Die Besiedelung von Hovedøya begann schon im 12. Jahrhundert, als zwölf Zisterzienser aus England kamen, um »am Ende der Welt« ein Kloster zu gründen. Heute ist von dem Mariakloster, das 400 Jahre lang florierte, nur noch eine Ruine übrig. Im Zuge der Reformation wurde es nämlich brutal geschlossen. Die Mauersteine wurden abgetragen und für eine Erweiterung der Festung Akershus genutzt.

Im 19. Jahrhundert war Hovedøya Militärgebiet, und zwar als die dänisch-norwegische Union – in Allianz mit Napoleon – gegen England kämpfte. Danach diente die Insel als Außenposten der Festung Akershus. Von der Verteidigungsanlage kann man noch Kanonenanlagen und sieben Gebäude sehen, darunter Norwegens größtes Fachwerkhaus (das ehemalige *Lavetthus* – »Lagerhaus«).

Vielfalt der kleinen Blüten

Heute bestimmt größtenteils wieder die Natur das Aussehen der Insel. Hovedøya hat von allen sechs Inseln des Oslofjords nicht nur das reichste Kulturerbe, sondern auch die interessanteste Flora. Man nimmt an, dass nirgendwo sonst in Norwegen auf einer vergleichbar kleinen Fläche von knapp fünf Hektar so viele verschiedene Pflanzen vorkommen.

Der Untergrund besteht aus Kalkstein mit Diabas-Einschlüssen, und darauf sprießen artenreiche Wiesen mit Mädesüß, Oregano und Bergklee; Letzterer wurde bislang nirgendwo sonst in Norwegen gefunden. Auch der violett blühende Nordische Drachenkopf aus der Familie der Lippenblütler ist dort heimisch. Außerdem wächst auf Hovedøya der seltene Osloer Steinbrech *(Saxifraga osloensis)* mit kleinen weißen Blüten, der nach der letzten Eiszeit als Kreuzung zweier Steinbrecharten in dieser Gegend entstanden ist.

Neben den geschichtlichen Zeugnissen und der vielseitigen Pflanzenwelt hat Hovedøya auch einige Badestellen zu bieten. An der Westseite gibt es sogar einen Sandstrand. Der Rest der Insel ist von Wäldern bedeckt, die unter Naturschutz stehen und von Wanderwegen durchzogen sind.

← Die Marina Revierhavnens Baatforening hat Platz für über 300 Boote und ist der älteste Jachtverein des Landes.
↓ Vom Mariakloster aus dem 12. Jahrhundert sind heute nur noch Ruinen übrig.

INFO

FÄHRVERBINDUNGEN

Die Fähren, die Aker Brygge mit den Inseln im Oslofjord verbinden, gehören zum städtischen Verkehrsnetz namens Ruter. Das bedeutet: Es gelten die regulären Einzeltickets oder Zeitkarten, was das Inselhüpfen – besonders für Osloer Verhältnisse – preisgünstig macht. Ganzjährig fahren Boote auf der Linie B1. Im Sommer wird zusätzlich stündlich die Linie B2 abgefahren (mit Halt auf Hovedøya, Gressholmen und Langøyene). Für mobile Tickets und aktuelle Fahrzeiten lädt man sich die App »RuterBillett« aufs Handy. Karten und aktuelle Verbindungsauskünfte in englischer Sprache sowie Fahrpläne als PDF gibt es auf der Webseite des Verkehrsunternehmens Ruter.
www.ruter.no, www.visitoslo.com

SERVICES AUF HOVEDØYA

Es gibt eine Gaststätte: Die in der Hauptsaison geöffnete Klosterkroa befindet sich in einer ehemaligen Baracke. Und zum Übernachten vermietet der Naturverein Oslofjordens Friluftsråd zwei einfache, günstige Gästehäuser namens Sjøbua und Tiern.
www.klosterkroa.no, www.oslofjorden.org/produkt/sjobua, www.oslofjorden.org/produkt/tiern

12

ØSTENSJØVANNET

RUNDWEG DURCHS SCHNATTERPARADIES

Südöstlich der Osloer Innenstadt liegt der lang gestreckte See Østensjøvannet. Umgeben von dichter Bebauung, ist dort ein artenreiches Naturschutzgebiet mit vielen Vögeln erhalten geblieben.

Zwischen Manglerud und Bøler, zwei Vororten im südöstlich gelegenen Stadtteil Østensjø, erstreckt sich der 1,8 Kilometer lange See Østensjøvannet. Schwer vorstellbar, dass dort – nur sieben Kilometer vom zentralen Rathaus und erreichbar mit der Metro – ein naturbelassenes Feuchtgebiet mit Vogelschutzzone zu finden ist.

Den vielen natürlichen Lebensräumen rund um den Østensjøvannet verdankt das Gebiet eine große Artenvielfalt. In und um den See wurden bislang rund 230 Vogelarten gezählt. Wer ihn im Frühling besucht, kann sich auf kabbelnde Blesshühner und kreischende Lachmöwen mit schwarzen Köpfchen freuen. Und die balzenden Haubentaucher schütteln heftig die Köpfe mit Federhaube und nehmen die sogenannte Pinguin-Pose ein, wenn sie fast senkrecht aus dem Wasser schießen.

Wenn das Eis auf dem See zu schmelzen beginnt, zieht es die Vögel in die ersten freien Wasserlöcher, die sich unter den Brücken am Südende des Sees sowie entlang des schmalen Wasserlaufs namens Bølerbekken bilden. Dann kann man in den Morgenstunden die Schellente mit ihren Balzposen und -gesten beobachten: Die Erpel werfen beispielsweise ruckartig ihre Köpfe in den Nacken und spritzen mit Wasser um sich.

Weiter in die Østmarka

Rund um den See verläuft ein 4,5 Kilometer langer Pfad. Wer gut zu Fuß ist, schafft den Rundweg in einer knappen Stunde. An mehreren Stellen gibt es Anschluss an andere Wanderwege durch die Osloer Wälder. Wer noch weiter gehen möchte, kann über Skullerud in das 18 Quadratkilometer große Waldgebiet Østmarka vordringen, das im Osten vom See Øyeren begrenzt wird.

Die Østmarka umfasst 25 Seen, von denen Børtervann mit rund 2,6 Quadratkilometern der größte ist. Wer dort in der Schutzhütte Øvresaga absteigt, hat Zugang zu Kanus für einen Paddelausflug. Die Expedition führt durch eine Landschaft mit Inseln, Fjorden und Biberbauten. Und der 398 Meter hohe Barlindåsen ist der höchste Punkt. Teile des Areals stehen seit 1990 unter Naturschutz; im Jahr 2002 wurde das geschützte Gebiet auf die heutige Fläche ausgeweitet, um den weitläufigen, noch recht unberührten Nadelwald mitsamt seiner charakteristischen Pflanzen- und Tierwelt zu schützen, die für Forschung und Lehre als besonders wertvoll gilt.

INFO

BAUERNHOF ABILDSØ GÅRD

Am Westufer des Østensjøvannet befindet sich der Bauernhof Abildsø Gård, dessen Name so viel wie »Apfelwiese« bedeutet. Die namensgebenden Obstbäume kamen vermutlich mit den Mönchen von Hovedøya (s. S. 60). Heute wird die nahezu tausendjährige Tradition der Apfelzucht weitergeführt. Aus einem silbernen Wagen werden hausgemachter Saft, Erzeugnisse vom Hof sowie Kaffee und Gebäck verkauft.
www.abildso.org

SKULPTURENPARK EKEBERG

Auf dem Rückweg ins Zentrum kann ein Stopp im beeindruckenden, gratis begehbaren Ekebergparken eingeschoben werden. Die Verbindung führt von Abildsø mit dem Bus 79 bis Sæter und von dort weiter mit der Straßenbahnlinie 19. Das Ausflugsziel befindet sich am Höhenzug Ekeberg, der sich aus einem 140 Meter hohen Plateau und einem 207 Meter hohen Berg zusammensetzt. Ein Teil namens Ekebergskråningen steht den Osloern schon seit 1889 als Naherholungsgebiet zur Verfügung. Dort ist seit 2013 auch ein Skulpturenpark angesiedelt, gestiftet vom Brauereibesitzer und Kunstsammler Christian Ringnes (geb. 1954).
www.ekebergparken.com

← Eine Lachmöwe *(Chroicocephalus ridibundus)* im Naturschutzgebiet Østensjøvannet, wo über 200 Vogelarten vorkommen.
↑ Die Plastik »The Couple« von Louise Bourgeois (1911–2010) im Ekebergpark

13

NATURRESERVAT NORDRE ØYEREN

ARTENREICHES FLUSSDELTA

Östlich von Oslo zieht sich der 30 Kilometer lange und rund zwei Kilometer breite See Øyeren wie ein deplatzierter Fjord durch die Landschaft. Am Nordende, wo die Glomma zufließt, befindet sich Nordeuropas größtes Binnendelta mit vielen kleinen Inselchen und einem geschützten Feuchtgebiet.

Mit einer Fläche von etwa 85 Quadratkilometern ist der Øyeren das neuntgrößte Binnengewässer des Landes. Er liegt am Fluss Glomma, der von Norden her zu- und im Süden abfließt. Das Besondere am See ist das Feuchtgebiet am nördlichen Ende, das folgerichtig Nordre Øyeren heißt. Dabei handelt es sich um das größte Binnendelta in ganz Nordeuropa.

Im Frühling und Herbst ist Nordre Øyeren immer wieder ein bedeutender Rastplatz für Vögel, und jedes Jahr werden Tausende Enten, Gänse, Schwäne und Watvögel gesichtet. Außerdem beherbergt das Feuchtgebiet zahlreiche Amphibien- und Reptilienarten sowie Insekten und Säugetiere. Mit 25 Fischarten ist es in dieser Hinsicht der artenreichste See des Landes.

In Fetsund, wo sich die Glomma vom begrenzten Fluss in ein weitläufiges Delta ergießt, befindet sich das Besucherzentrum (Besøkssenter våtmark Nordre Øyeren) – eines von nur sechs autorisierten Besucherzentren für Feuchtgebiete in Norwegen. Die Ausstellung richtet sich in erster Linie an Kinder und Jugendliche, hat aber auch Erwachsenen viel zu bieten.

In der Nähe des Besucherzentrums erfährt man, wie es sich anfühlt, über Wasser zu gehen: Bei Fetsund lenser – einem Kulturerbe aus der Zeit der Flößereiwirtschaft – schwimmen festgemachte Holzbohlen auf dem Wasser. Zusammen ergeben sie einen Kilometer, der durchgehend begangen werden kann. Das dazugehörige Flößermuseum (Fløtingsmuseet) informiert über die Geschichte.

Erweitertes Schutzgebiet

Schon 1975 wurde das Gebiet unter Naturschutz gestellt, weil die Menschen seine herausragende landschaftliche Bedeutung erkannten – insbesondere als Rastgebiet für Vögel. Zehn Jahre später hob man seinen Status zum Feuchtgebiet von internationaler Bedeutung laut der Ramsar-Konvention (kurz: Ramsar-Gebiet) an.

Und im Jahr 1992 wurde auch das nahe Delta bei Lillestrøm, wo die Flüsse Leira und Nitelva aufeinandertreffen, zum Naturschutzgebiet erklärt. Dieser Zusammenfluss gilt als natürliche Erweiterung des Nordre Øyeren noch etwas weiter im Norden: Es liegt nur etwa fünf Kilometer entfernt, und beide Naturschutzgebiete sind durch den kleinen See Svelle verbunden.

← Wo die Glomma in den See Øyeren übergeht, ist Europas größtes Binnendelta entstanden und bildet eine zerfurchte Wasserlandschaft.
↓ Die Holzbohlen von Fetsund erinnern an eine einst blühende Flößereiwirtschaft.

INFO

ÜBERNACHTEN IM WONDER INN DELTA

Am Festlandufer, westlich des Naturschutzgebiets, befindet sich eine naturnahe Unterkunft der Extraklasse: Das Wonder Inn Delta besteht aus einer einzigen Hütte. Dank ihrer komfortablen Ausstattung und der auffälligen Bauweise fällt sie in die Kategorie »Glamping«, also Camping mit Glamourfaktor. Die verspiegelte Front verdoppelt die Aussicht auf die Inselwelt des Nordre Øyeren, sodass das Häuschen optisch mit der Umgebung verschmilzt.
www.wonderinn.no

SKIBERG MARIKOLLEN

In Raelingen, einem Ort am Westufer des Sees Svelle, befindet sich der Marikollen, eine der höchsten Erhebungen in der Ostmarka. Dort gibt es Pisten für jeden Schwierigkeitsgrad. Auf der K88-Normalschanze fanden von 1987 bis 2002 sogar internationale Wettbewerbe im Skispringen statt. Mehrere Deutsche und Österreicher schafften es in dieser Zeit aufs Siegertreppchen.
www.marikollen.no

Der See Øyeren, der in der Nähe des Osloer Vororts Lillestrøm liegt, an einem eisig kalten Wintertag

14

NORDMARKA

WILDNIS NAHE DER HAUPTSTADT

Oslo ist von einem 1700 Quadratkilometer großen, hügeligen Waldareal umgeben – der sogenannten Oslomarka. Von den elf Teilgebieten ist Nordmarka das größte und zentralste. Die Städter finden dort zu jeder Jahreszeit Zerstreuung in der Natur.

Innerhalb der Nordmarka stehen mehrere Bereiche unter Naturschutz. Beispielsweise besteht seit 1995 das Naturschutzgebiet Spålen–Katnosa in der nördlichen Hälfte. Es umfasst 18 Quadratkilometer und ist nach den beiden Seen Spålen und Katnosa benannt.

Neben den großen Gewässern prägen bewaldete Hügel das Gebiet. Aus dem sanft geschwungenen Terrain ragen nur hier und da steile Hänge und Talflanken auf. In dem nährstoffreichen Boden finden Fichten beste Wachstumsbedingungen. Der Wald – vor allem jener Bereich, der sich unberührt entwickeln konnte – enthält seltene Flechtenarten und eine Vielfalt an Pflanzenarten und Vegetationstypen.

Im Frühling demonstriert der Auerhahn sein Balzverhalten vor dieser üppig grünen Kulisse. Und an den fichtenbewachsenen Hängen können aufmerksame Naturkenner Spuren von Baummardern und Luchsen entdecken. Aus vergangenen Zeiten sind alte Sommerweidehütten sowie an mehreren Wasserwegen Überbleibsel von Flößereibetrieben zu finden – Kulturgeschichte inmitten wilder Waldlandschaft.

Berg- und Talwanderung

Etwas weiter südlich liegt das ebenfalls 1995 eingerichtete Naturschutzgebiet Oppkuven-Smeddalen. Der namensgebende Oppkuven ist mit 704 Metern einer der höchsten Punkte der ganzen Oslomarka. Vom Aussichtsturm haben Wanderer weitreichende Ausblicke auf die Marka. Im Westen sieht man Blefjell und sogar den Gaustatoppen. Etwas weiter nördlich zeichnet sich der Norefjell-Kamm ab.

Das schmale Spalttal Smeddalen schneidet von Ost nach Nordost in das Bergmassiv ein. Auch hier wird die Waldlandschaft von großen Fichten dominiert. Nördlich des Oppkuven sind die Hügel von Primärwald bedeckt: Dort gibt es Nadelbäume, die in ihren Ringen mehrere Jahrhunderte bergen. Der Baum mit dem Spitznamen »Gamla på Oppkuven« gehörte lange zu den ältesten lebenden Fichten Norwegens. Man geht davon aus, dass er um 2012 abgestorben ist, aber vorher brachte er es auf über 450 Jahre.

Knapp die Hälfte der Nordmarka ist vom Waldgebiet Krokskogen bedeckt, das fischreiche Seen birgt. Neben den Spålen und dem Søndre Heggelivann ist der bis 53 Meter tiefe See Storflåtan das größte jener Gewässer, das von der Oslomarkas Fiskeadministrasjon (OFA) verwaltet wird. Und im Winter nutzen Langläufer das dichte Loipennetz.

INFO

ZWEIMAL KULTUR IN JEVNAKER

Die Stadt am Südende des Randsfjord ist nicht nur eine praktische Station auf dem Weg in die Nordmarka, sondern auch selbst einen Stopp wert. Zum einen befindet sich dort nämlich Hadeland Glassverk, ein historisches Handwerksdorf mit Glasbläserei, zehn Geschäften und sechs Gaststätten. Zum anderen wartet das Kistefos-Museum mit einem beeindruckenden Skulpturenbau und einem modernen, 2019 eröffneten Anbau mit auffälliger Architektur.
www.hadeland-glassverk.no, www.kistefosmuseum.com

ANFAHRT

Das Naturschutzgebiet Spålen–Katnosa erreicht man am besten von Jevnaker aus. Von dort verläuft eine knapp zehn Kilometer lange Straße hinein in die Nordmarka, genauer gesagt bis zur im Winter geöffneten Skihütte Tverrsjøstallen skistue. Weiter gen Süden geht es über den Sinderdalsveien um den Berg Pershusfjellet herum, der ebenfalls eine Wanderung wert ist und dessen höchster Punkt 650 Meter über dem Meeresspiegel liegt.
www.oslo.kommune.no/english/welcome-to-oslo/life-in-oslo/enjoy-the-outdoors/oslomarka

← Mit einer Oberfläche von knapp zwei Quadratkilometern zählt der See Helgeren zu den größten Gewässern der Nordmarka.
↑ Das Kistefos Museum liegt im Gebäude »The Twist«, entworfen von der Bjarke Ingels Group.

15

KJØSTERUDJUVET

SPEKTAKULÄRE FELSSCHLUCHT

Auf der Nordseite der Stadt Drammen wartet die ostnorwegische Antwort auf den Grand Canyon: die Schlucht Kjøsterudjuvet mit senkrechten Felswänden. Wer feste Schuhe mitbringt, kann sich hier auf eine aussichtsreiche Klettertour einlassen.

Südwestlich von Oslo liegt Drammen – mit rund 111.000 Einwohnern Norwegens sechstgrößte Stadt. Sie befindet sich am letzten Stück des Flusses Drammenselva, bevor dieser in den Drammensfjord mündet. Im Süden und Norden ist sie von bewaldeten Hügeln umgeben, wo es mehrere lohnende Wanderwege gibt.

Einer davon führt zur »Schlucht von Kjøsterud« (Kjøsterudjuvet), einer 10.000 Jahre alten Felsspalte. Sie ist 1,3 Kilometer lang, und auf dieser Strecke gibt es eine Steigung von 250 Metern. Zu beiden Seiten türmen sich bis zu 60 Meter hohe, senkrechte Felswände auf. An ihrer engsten Stelle ist die Schlucht gerade einmal vier Meter breit. Schon im 18. Jahrhundert war Kjøsterudjuvet über die Landesgrenzen hinaus unter Abenteurern bekannt: Drei englische Lords beschrieben sie als *»fantastic«*.

Die Felsspalte zieht sich durch das Waldgebiet Drammensmarka, von der Talsohle bis zum Fischteich Gamledammen, der 350 Meter über dem Meer liegt. Oder eher andersrum: Es ist dieses Gewässer, das über die Kjøsterudjuvet abfließt und im Tal das Kjøsterudbecken bildet.

Kraxeltour für Fortgeschrittene

Eine Wanderung durch die Kjøsterud-Schlucht führt durch üppige Vegetation, ist aufgrund der rauen, felsigen Umgebung aber auch von einer ungewöhnlichen Atmosphäre geprägt. Hier und da gibt es kleine Wasserfälle und Blumen. Selbst an warmen Sommertagen ist es am Boden der Schlucht angenehm kühl und schattig. Tatsächlich ist der Hochsommer die beste Zeit für diese Wanderung. Bei der Schneeschmelze im Frühling sowie im Herbst und Winter stellen nämlich Steinschläge eine Gefahr dar.

Geparkt wird am Kristian Brenners vei, gegenüber von Hausnummer 43. Der Eingang zur Schlucht befindet sich dort, wo der Bach Tjuvtjernbekken den beleuchteten Pfad des Skizentrums Drammen kreuzt. Dort sind die Felswände erst vier, fünf Meter hoch. Auf dem steinigen Weg durch die Schlucht hinauf zum Gamledammen werden sie immer höher. Stellenweise helfen einfache Treppen, steile, glatt gespülte Felsstellen zu erklimmen. Bei normalem Geh- bzw. Kraxeltempo dauert der Aufstieg eineinhalb bis zwei Stunden. Der Rückweg erfolgt über einen Pfad entlang der Westseite der Schlucht. Dabei blickt man von oben auf die Schlucht und hat so noch einmal eine ganz andere Perspektive.

← Die Kjøsterud-Schlucht im Waldgebiet Drammensmarka schneidet an der tiefsten Stelle ganze 60 Meter ins Gestein.
↓ Vom oberen Ende der »Spirale« hat man eine herrliche Aussicht auf die Stadt Drammen.

INFO

FAHRT DURCH DIE »SPIRALE«
Nördlich des Zentrums von Drammen, wo die Stadt von Hängen begrenzt wird, wartet echter Fahrspaß auf alle, die mit Auto oder Wohnmobil unterwegs sind: Der wendelförmige Tunnel namens Spirale schraubt sich über 1650 Meter in sechs Kehren durch den Fels in die Höhe. Am oberen Ausgang ist man 213 Meter über dem Meer und genießt eine fantastische Aussicht auf den Drammensfjord. Außerdem gibt es dort ein Café.

BADEN IM FLUSS
Das kleine »Badehaus am Fluss« (Ælvebadstua) mit Sauna bietet Wasserratten eine unvergessliche Abkühlung. Man kann es entweder für zwei bis drei Stunden mieten oder dann kommen, wenn es öffentlich zugänglich ist (jeweils 7–10.45 sowie 17–22 Uhr). In beiden Fällen erfolgt die Reservierung auf der Webseite.
www.elvebadstua.no

Der Geirangerfjord gehört zum UNESCO-Weltnaturerbe. Er ist von Bergen, Wasserfällen und üppiger Vegetation umgeben.

WEST-NORWEGEN

Die Welt der Fjorde – Vestlandet – ist von tiefen Einschnitten, rauschenden Wasserfällen und steilen Felswänden geprägt.

16

PREIKESTOLEN

PREDIGT MIT AUSSICHT

Östlich von Stavanger zieht sich der 42 Kilometer lange Lysefjord bis tief ins Hinterland der Provinz Rogaland. Naturfans ist er wegen seiner steilen Wände und der Wanderziele Preikestolen und Kjerag bekannt.

Die »Kanzel« (wörtlich »Predigtstuhl«) gehört zu Norwegens populärsten Wanderattraktionen. Dabei handelt es sich um eine – im wahrsten Sinne des Wortes hervorragende – natürliche Felsplattform mit einer Fläche von 25 mal 25 Metern. Ihre vordere Kante fällt 604 Meter steil ins Wasser ab. Die Felskanzel muss vor ungefähr 10.000 Jahren durch Frostsprengung entstanden sein. Damals füllte ein Gletscher den Fjord, dessen Wasser auch in die Felsspalten eindrang. Als es gefror und sich ausdehnte, wurden kantige Felsblöcke weggesprengt.

Wer von dieser legendären Stelle predigen und die Aussicht auf den »Lichtfjord« genießen möchte, muss zunächst knapp vier Kilometer Fußweg zurücklegen. Der stramme Aufstieg überwindet mehrere Erhebungen und insgesamt 500 Höhenmeter. Der norwegische Wanderverein DNT stuft die Wanderung immerhin als mittelschwer ein.

Aufstieg über die Sherpa-Treppe

An manchen Sommertagen legen um die tausend Besucher den steinigen Pfad zurück. Wie auch bei der Trolltunga (s. S. 80) ist die Beliebtheit des Preikestolen durch Instagram & Co ruckartig angestiegen. Um den felsigen Pfad fit für so viele – und großteils ungeübte – Wanderer zu machen, hat sich Norwegen von nepalesischen Sherpas helfen lassen, die um den Mount Everest leben. Sie haben dem Fels eine Treppe abgetrotzt, die nicht nur faszinierend anzusehen ist, sondern auch die Sicherheit auf der Route erhöht. In den letzten zwei Jahrzehnten sind so landesweit um die 300 Steintreppen entstanden.

Um nicht in einer Traube zu wandern, empfiehlt sich ein früher Start. Im Juli ist es bis zu 18 Stunden lang hell, und das viele Tageslicht sollte man ausnutzen: Um spätestens 6 Uhr morgens ist Abmarsch. Wer um 4 Uhr morgens aufbricht, sieht sogar den Sonnenaufgang vom Preikestolen aus. Die Hauptsaison dauert zwar von Juli bis August, aber auch der Frühling sowie der September eignen sich. Dann ist weniger los, vor allem aber wird man in der Nachsaison mit der beginnenden Laubfärbung belohnt.

Es ist auch möglich, in der Nähe des Wanderziels wild zu übernachten: Ober- und unterhalb der Kanzel kann man sein Zelt aufschlagen. Für diese Variante wird die Wanderung am frühen Abend begonnen, wenn der Großteil der Besucher schon wieder auf dem Rückweg ist. Der Sonnenaufgang am nächsten Morgen ist nicht zu verachten.

← Menschenleer ist die gern bewanderte »Kanzel« fast nie, aber wer kurz vor Sonnenaufgang hinkommt, entgeht der üblichen Besuchertraube.
↓ Das Ölmuseum in Stavanger erzählt die Geschichte hinter Norwegens Wohlstand.

INFO

STAVANGER
Die nächste große Stadt ist Norwegens Ölmetropole Stavanger (eine Fahrstunde von Forsand entfernt). Dort bietet sich ein Tag zum Sightseeing an. Die Highlights sind die Altstadt, das Ölmuseum und die 1150 erbaute Kathedrale. Diese ist nicht nur Norwegens älteste, sondern auch landesweit die einzige aus dem Mittelalter, die ihre ursprüngliche Bauweise beibehalten hat.
www.fjordnorway.com/de

DAS MUSEUM IDDIS
Im Jahr 2021 hat Stavanger mit Iddis ein außergewöhnliches Museum bekommen, das zwei Themen abdeckt: Fischkonserven und grafisches Design. Wie passt das zusammen? Wer die nostalgischen Etiketten auf den Blechdosen sieht, versteht es sofort. Im örtlichen Dialekt spricht man von *iddikett*, abgekürzt *iddis* – daher der Name der modernen kulturgeschichtlichen Einrichtung. Das Gebäude wurde von Eder Biesel Arkitekter entworfen.
www.iddis.no

17

KJERAG

NORWEGENS ADRENALINBERG

Nichts für schwache Nerven: Mit seinem Felsbrocken, der eingeklemmt in einer Felsspalte in schwindelerregender Höhe hängt, lockt der Kjerag jedes Jahr Tausende fotolustige Wanderer an. Außerdem finden Basejumper und Kletterer aus aller Welt ihren Weg auf das Felsplateau mit einer nahezu senkrechten Nordwand.

Der Kjerag (alternativ auch Kiragg genannt) ist ein Felsplateau im Süden der Provinz Rogaland. Der höchste Punkt auf einer Höhe von 1132 Metern ist von einem Felsplateau umgeben. Dieses gehört wiederum zu einem Massiv aus Granit, das sich am Südufer des Lysefjords vier bis fünf Kilometer weit ausbreitet.

Seine internationale Bekanntheit verdankt der Berg dem Kjeragbolten: einem Felsbrocken, der in einer Felsspalte eingeklemmt ist. Besucher können den fünf Kubikmeter großen Monolithen betreten, der – nur von den beiden Felswänden gehalten – in tausend Meter Höhe über dem Lysefjord hängt. Diese einmalige Fotogelegenheit nutzen so ziemlich alle Wanderer, weswegen es in der Hauptsaison zu Wartezeiten bis zu einer Stunde kommen kann.

Die Basis bildet das Restaurant Ørneredet (»Adlernest«) auf der Alm Øygardstøl in 640 Meter Höhe, das von seiner Panoramaterrasse eine tolle Aussicht auf den Fjord bietet. Es fungiert gleichzeitig als Besucherzentrum. Außerdem gibt es einen Wanderparkplatz.

Der Wanderweg misst pro Richtung etwa 5,5 Kilometer; für die gesamte Wanderung sollte man sechs bis zehn Stunden einplanen. Selbst erfahrene Wanderer empfinden die Tour über harten Granit als Herausforderung, wenn sie den Höhenunterschied von 800 Metern überwinden und sich stellenweise an Stahlseilen hochziehen müssen.

Deutlich weniger bekannt als der eingeklemmte Brocken, aber ebenso lohnend ist der Aussichtspunkt Nesatind. Der Abstecher dorthin ist mit einem geringen Umweg verbunden, den man am besten nach dem Fotostopp am Kjeragbolten absolviert.

Ein Fjell am Fjord

Am Fuße des Kjeragmassivs zieht sich der Lysefjord vom Dorf Lysebotn im Osten über 42 Kilometer gen Westen, bis er bei Forsand in den Høgsfjord übergeht. Seinen Namen »heller Fjord« verdankt der Wasserweg den glatten, weiß getünchten Felswänden. Die schroffe Landschaft ist von Waldhängen und vereinzelten Grünflächen mit Gras und Gestrüpp durchzogen. Je weiter es nach oben geht, desto mehr dominiert der Fels. An der tausend Meter hohen Nordwand des Berges kann man über verschiedene Routen klettern, am besten mit Guide und in den Monaten Juli und August.

In der Nähe des Kjerag-Steins fließt Regen- und Schmelzwasser vom Plateau über einen namenlosen Fluss zum Rand und bildet den Wasserfall Kjeragfossen. Dieser ist zwar schmal, gehört aber zu den höchsten der Welt: Von 715 Meter Höhe rauscht das Wasser direkt in den Lysefjord.

INFO

ANREISE

Lysebotn ist mit Forsand durch eine Autofähre verbunden: die Linie 560 Lauvvik–Lysebotn, betrieben vom regionalen öffentlichen Verkehrsunternehmen Kolumbus (www.kolumbus.no/en). Die Alternative über den Landweg ist zwar länger, aber landschaftlich durchaus reizvoll: Von Forsand zum Wanderparkplatz bei Øygardstøl fährt man rund 120 Kilometer in zweieinhalb Stunden.

ZWISCHENZIEL LYSEBOTN

Das abgelegene Dorf Lysebotn mit nur einem Dutzend Einwohnern hat touristisch einiges zu bieten. Dort kommen im Sommer die Fähren und einige Busse an. Es gibt Kanus, Kajaks, Fahrräder, SUP-Bretter, Tretboote und Motorboote zum Ausleihen. Und es gibt geführte Kajaktouren. Wer übernachten möchte, findet Pensionen, Ferienhäuser und einen Campingplatz.

← Nichts für schwache Nerven: Der Felsbrocken »Kjeragbolten« klemmt in fast tausend Metern Höhe über dem Lysefjord zwischen Felswänden.
↑ Der Zeltplatz von Lysebotn (Kjerag Lysebotn Camping) bietet eine einmalige Aussicht.

18

MAGMA GEOPARK

EINLADENDE MONDLANDSCHAFT

Das Gebiet mit dem vollständigen Namen »Magma UNESCO Global Geopark« erstreckt sich weitläufig hinter Egersand, etwa eine Autostunde südlich von Stavanger. Die Kulturlandschaft baut auf unterschiedlichen Gesteinsarten auf. Eine davon kommt auch auf dem Mond vor.

Der Begriff »Magma« im Namen des Geoparks bezieht sich auf die Tatsache, dass der Großteil der dort vorzufindenden Felsen aus geschmolzenem Gestein (Magma) entstanden ist – vor etwa 930 Millionen Jahren. Ein Ergebnis dieses Prozesses sind Felsen aus Anorthosit. Diese Gesteinsart, die oft bläulich schimmernde Kristalle aufweist, kommt auf der Erde nicht häufig vor, und doch hat sie jeder schon gesehen: Ein Großteil der primären Mondkruste besteht nämlich aus Anorthosit.

Eine beliebte Wanderung durch diese »irdische Mondlandschaft« führt von der Bushaltestelle bzw. dem Parkplatz »Roligheten« bei Åna-Sira zu den Höhlen und Gletschertöpfen von Brufjell (Brufjellhålene). Eine Höhle hat eine birnenförmige Öffnung zum Meer hin, die auf Fotos einen eindrucksvollen Rahmen bildet.

Am Magma UNESCO Global Geopark sind fünf Gemeinden beteiligt: Egersund, Bjerkreim, Flekkefjord, Sokndal und Lund. Innerhalb dieses Gebiets wurden 46 Orte identifiziert, die die Geologie der Region gut widerspiegeln und einen Ausflug wert sind. Neben Wanderungen, Klettertouren und anderen Naturerlebnissen bringen diverse Projekte ansprechende Angebote aus den Bereichen Kreativität, Nachhaltigkeit, Weiterbildung und Kultur hervor.

Kulinarik und Kulturgeschichte

Ein Augenmerk liegt auf der Verwendung und Verbreitung des »GEOfood«-Labels, das in einem UNESCO-Geopark ansässige Hersteller und Restaurants verwenden dürfen. Im weitläufigen Areal des Geoparks sind zahlreiche Betriebe angesiedelt, die Lebensmittel und Getränke mit lokalem Charakter herstellen. Außerdem folgen mehrere Lokale den Richtlinien des Gütesiegels. Dazu gehören Eigra Kjøkken & Bar, Egersund Is & Sjokoladefabrikk sowie Berentsens Brygghus – alle drei in Egersund. Auch das »Kulturhotel« in Sogndalstrand und Isbua på Hidra – zwei Lokale am Wasser – pflegen die kulinarische Tradition ihrer Region.

Der Geopark birgt zudem historische Sehenswürdigkeiten. Einen ungewöhnlichen Anblick bieten die zwei Häuschen – ein weißes und ein rotes – unter dem Abri von Jøssingfjord (Helleren in Jøssingfjord). Sie wurden im 19. Jahrhundert gebaut und kommen ohne Dachdeckung aus, weil sie von einem massiven Felsvorsprung beschützt werden. Die Häuser liegen an der Landstraße 44 zwischen Egersund und Flekkefjord und sind von der Straße aus sichtbar.

← Unter den Höhlen und Gletschertöpfen von Brufjell (Brufjellhålene) hat diese die fotogenste Form. Im Hintergrund kräuselt sich die Nordsee.
↓ Nicht jugendfrei: Die Besteigung des »Trollpikken« wird erst ab 18 Jahren empfohlen.

INFO

ÜBERNACHTEN IN DER »TUNNELSTUBE«

Oberhalb des Jøssingfjords kann man in einem stillgelegten Tunnel übernachten – und zwar in Hängematten. Entweder kommt man mit eigener Ausrüstung oder mietet vor Ort ein schwebendes Bett. Der 250 Meter lange Tunnel hat an einer Seite zwei große Öffnungen, die den Blick auf die Umgebung freigeben.
Kontakt und Reservierung telefonisch bei Tunnelstuo, Tel. +47 916 85725.

TROLLPIKKEN

Nicht zu verwechseln mit der Trolltunga (s. S. 80): Bei diesem Felsen geht es um einen weitaus intimeren Körperteil des Fabelwesens – gut, sagen wir es frei heraus: um den »Trollpimmel«. Schelmische Wanderer, die ein Foto auf oder mit der länglichen Felsformation machen möchten, fahren zum Parkplatz außerhalb von Egersund und gehen von dort zwei Kilometer. Aufgrund der rund 300 Höhenmeter wird der Schwierigkeitsgrad als »mittel« eingestuft.
www.trollpikken.no, www.magmageopark.no

19

TROLLTUNGA

EIN SCHERZ DER NATUR

Wer Norwegens bekannteste Felsformation erklimmen will, sollte sich gut vorbereiten und feste Schuhe mitnehmen: Der Aufstieg zur legendären »Trollzunge« kann bis zu zwölf Stunden dauern. Trotz 800 Höhenmetern probieren es jeden Sommer Tausende Urlauber.

Wer sich für Norwegens Landschaft interessiert, hat das Bild schon gesehen: In einer Höhe von 1100 Metern über dem Meeresspiegel und 700 Meter über dem See Ringedalsvatnet steht ein schmaler, waagerechter Felsvorsprung aus dem Gebirge hervor. Dahinter gibt der tiefblaue Stausee, der sich durch das schroffe Gebirge schlängelt, eine wahre Bilderbuchkulisse ab.

Und es ist vor allem diese Fotogenität des Ortes, die Besucher neuerdings zu ungewöhnlichen Leistungen anspornt: Auf der »Trollzunge« zu posen, hat sich seit dem Aufkommen von Smartphones und sozialen Medien zum Volkssport entwickelt. Während bis 2010 ungefähr 800 Personen jährlich die Wanderung unternahmen, ist die Anzahl inzwischen auf das Hundertfache (!) angestiegen.

Das Gebirge scheint all seinen Besuchern die Zunge herauszustrecken. Macht es sich lustig darüber, dass sich untrainierte Urlauber in Turnschuhen zu viel zumuten, um ein grandioses Foto zu schießen? Vielleicht. Aber die Umgebung ist zu reizvoll, um nicht wenigstens über eine Wanderung nachzudenken. Die Saison für Wanderungen auf eigene Faust dauert vom 1. Juni bis zum 31. August. Außerhalb dieser Zeit wird eine geführte Tour mit Guide empfohlen. Es gibt einige Anbieter in der Umgebung, die beispielsweise Schneeschuhwanderungen oder Skitouren anbieten. In der Hochsaison ist man zwar nicht mehr »abseits des Trubels«, wie es der Titel dieses Buches verspricht. Aber gerade weil der Ausflug einen derartigen Kultstatus erlangt hat, sollten Sie als Freund der norwegischen Natur darüber Bescheid wissen – und am besten außerhalb der Hochsaison diese Wanderung unternehmen.

Zwei Startpunkte zur Auswahl

Seitdem die Standseilbahn 2004 eingestellt wurde, kommt man nur noch zu Fuß auf die Trolltunga. Dabei haben Besucher die Wahl zwischen zwei Startpunkten: Vom Parkplatz P2 Skjeggedal sind es 13,5 Kilometer pro Richtung, wobei 800 Höhenmeter zu überwinden sind. Deutlich weniger anstrengend ist die Tour am Parkplatz P3 Mågelitopp: Wer dort losgeht, spart sich etwa 3,5 Kilometer pro Richtung und muss »nur« 320 Höhenmeter bewältigen.

Für Hin- und Rückweg sollte man insgesamt zehn (ab P3) bzw. zwölf Stunden (ab P2) einplanen, um auch Zeit für Verschnaufpausen zu haben und natürlich, um in Ruhe das begehrte Foto zu machen. Denn bis jeder »seinen Moment« am Ziel festhalten kann, kann die Warteschlange lang werden – bis zu sechs Stunden. Weil der Rand der Zunge nicht abgesichert ist, ist zudem allerhöchste Vorsicht geboten: Ein Absturz würde tödlich enden.

INFO

AUTO ODER SHUTTLEBUS?

Die beiden Startpunkte P2 und P3 werden von Shuttlebussen angefahren, außerdem gibt es Parkplätze. Die komfortabelste Variante für Selbstfahrer ist, das eigene Fahrzeug auf dem privaten Parkplatz P3 Mågelitopp mit 30 Stellplätzen stehen zu lassen. Von dort sind es 10,4 Kilometer Wanderweg bis zur Trolltunga – näher kann man der Felsformation mit fahrbarem Untersatz nicht kommen. Die Abkürzung hat ihren Preis: 600 NOK für den Parkplatz plus 200 NOK für die Schranke in Skjeggedal. Eine Online-Vorbuchung ist Pflicht.
www.Trolltungaorway.com, www.trolltunga.com

← Hauptsache Beweisfoto: Die Anziehungskraft der »Trollzunge« hat mit dem Aufkommen von Smartphones und sozialen Medien zugenommen.
↑ Der bis zu 14 Zentimeter »große« Berglemming *(Lemmus lemmus)* ist im hohen Norden zu Hause.

Der Kontrast zwischen Wasser und Felswänden
macht die norwegische Landschaft einmalig.

20

NATIONALPARK FOLGEFONNA

EIS UND REGEN AN DER WESTKÜSTE

Auf der Folgefonnhalbinsel unweit von Bergen ist Norwegens drittgrößtem und südlichstem Gletscher ein Nationalpark gewidmet. Das regenreiche Klima lässt zahlreiche Pflanzenarten gedeihen. Übers Eis geht man am besten mit einem Gletscherführer.

Genau genommen besteht Folgefonna aus drei Gletschern: Nordfonna, Midtfonna und Sørfonna. Hinzu kommen zahlreiche kleinere Ausläufer. Stellenweise ist das Eis 400 Meter dick. An der höchsten Stelle auf 1162 Metern beträgt der Jahresniederschlag 5500 Millimeter. Zusammen bedecken die Eismassen eine Fläche von über 200 Quadratkilometern und bilden damit Norwegens drittgrößten Festlandsgletscher nach Jostedalsbreen und Svartisen (s. S. 96 und S. 160).

Weil hier – am Südufer des pittoresken Hardangerfjords – ein feuchtes Klima vorherrscht, gedeiht eine vergleichsweise artenreiche Vegetation. Auf Schritt und Tritt sieht man Pflanzen wie die Dreiblatt-Binse, Kraut-Weide, Steife Segge und Moosbeere. Westlich des Schildgletschers regnet es besonders viel, was Arten wie Roten Fingerhut, Beinbrech, Glocken-Heide und Rippenfarn begünstigt. Dort befinden sich auch Wälder, in denen Rothirsche – die größten Säugetiere im Nationalpark – vorkommen. Die Vogelwelt rund um den Gletscher kennt Arten wie Alpenschneehuhn, Steinadler, Raufußbussard und Weißrückenspecht.

Auf historischen Routen übers Eis

Der ganze Nationalpark misst 545 Quadratkilometer und ist damit flächenmäßig doppelt so groß wie die Stadt Erfurt. Er umfasst einen Teil der umliegenden Landschaft, die eine charakteristische Gletscherflora und -geologie aufweist. Das Schmelzwasser tost durch die Täler und fließt über ganze 27 Wassersysteme ab. Mit Gletscherzungen, Eisbrüchen, wilden Tälern und malerischen Sommerweiden zieht das Gebiet schon seit dem mittleren 19. Jahrhundert Besucher an.

Wer wissen möchte, wo diese ersten Wanderer unterwegs waren, kann die historische Route von Sunndal nach Tokheim gehen. Sie ist 26 Kilometer lang, doch aufgrund des Höhenunterschieds von 1837 Metern sehr anspruchsvoll. Um den Gletscher sicher und mit der richtigen Ausrüstung zu überqueren, sollte man sich einer geführten Wanderung anschließen. Die Tradition der Gletscherführer geht beim Folgefonna ebenfalls bis ins 19. Jahrhundert zurück.

Der Nationalpark Folgefonna wurde erst 2005 eröffnet. Damals war der Folgefonntunnel schon gebaut, der den Gletscher unterquert. Mit über elf Kilometern rangiert er unter den fünf längsten Straßentunneln des Landes. Der Nationalpark ist von vier weiteren Naturschutzgebieten umgeben: Bondhusdalen, Buardalen, Ænesdalen und Hattebergsdalen.

← Im Sommer, wenn der See Møsevatnet eisfrei ist, werden geführte Paddeltouren angeboten. Im Kajak geht's drei Kilometer bis zum Gletscher. ↓ Die geführte Gletscherwanderung ist ein einmaliges Erlebnis.

INFO

BESUCHERZENTREN & ZUGÄNGE

Im Küstenort Rosendal gibt es ein informatives Nationalparkhaus namens Folgefonnsenteret. Es liegt hundert Kilometer bzw. 2,5 Fahrstunden von Bergen entfernt. Seine Ausstellung beschäftigt sich nicht nur mit dem Gletscher, sondern auch mit der Unterwasserflora und -fauna des Hardangerfjords. Dieses Besucherzentrum ist aber nur einer von fünf »Eingängen« in den Nationalpark. Die vier weiteren sind Jondal, Agatunet, Åkrafjordtunet sowie die Touristeninformation in Odda. Sie alle führen jeweils mit einer Ausstellung in den Nationalpark ein, bieten Karten an und veranstalten Führungen und andere Aktivitäten.
www.folgefonna.info

GLETSCHERFÜHRUNGEN

Die erfahrenen Guides vom Folgefonni Gletscherteam (Folgefonni Breførarlag bzw. Folgefonni Glacier Team) bieten Touren für jede Könnensstufe an.
www.folgefonni.no/tours

21

NATIONALPARK HARDANGERVIDDA

ERHEBENDE WILDNIS

Mit 3445 Quadratkilometern ist Hardangervidda der größte Nationalpark auf dem norwegischen Festland. Mit seiner Weitläufigkeit und der kargen Vegetation erweckt er den Anschein von grenzenloser Natur. Zahlreiche Wanderwege, Skirouten und rund 50 Schutzhütten machen diese weite Wildnis zugänglich.

Der Nationalpark Hardangervidda ist nach Europas größter Hochebene benannt und liegt zwischen den drei Orten Geilo, Odda und Rjukan. Ein großer Teil dieses 8600 Quadratkilometer großen Plateaufjells steht seit 1981 unter dem höchsten Naturschutz. Der Park liegt auf der Grenze zwischen den Fylken Viken, Vestland und Vestfold og Telemark. Auch die Grenze zwischen den Landesteilen Ost- und Westnorwegen verläuft durch das Gebiet.

Der Name des Parks setzt sich zusammen aus dem Namen der Region Hardanger und dem norwegischen Wort *vidde*, was auf Deutsch »Hochplateau« beziehungsweise »weite Ebene« bedeutet. Der Begriff *hardanger* (altnordisch *harðangr*, etwa »Fjord der Herden« oder aber »Schlechtwetterfjord«) wiederum bezeichnete ursprünglich den Fjord, der heute Hardangerfjord heißt.

Arktische Tierwelt

Der gesamte Nationalpark liegt über der Baumgrenze. Es gibt also keine Bäume, sondern nur Büsche und Sträucher. Das Klima bedingt arktische Tier- und Pflanzenarten. Die Stars der Tierwelt sind die Bergrentiere, die in großen Herden zu Tausenden durch den Park streifen. Archäologische Funde wie Tierfallen und Jagdvorrichtungen legen nahe, dass Menschen auf der Hardangervidda seit Jahrtausenden auf Rentiere jagen. Noch heute hat die Hardangervidda die europaweit größte wilde Rentierherde. Man geht von einer Population mit etwa 10.000 Tieren aus, wobei der Bestand über die vergangenen Jahrzehnte stark geschwankt hat.

Im Park werden 24 Säugetierarten und 114 Vogelarten verzeichnet. Neben den Rentieren gibt es beispielsweise Berglemminge, und vor einigen Jahren wurden wieder Polarfüchse angesiedelt. Unter den Vögeln finden sich zahlreiche Raubvogelarten, etwa der Gerfalke, der Merlin, die Schnee-Eule, die Falkenraubmöwe oder der Raufußbussard.

Wanderwege von Hütte zu Hütte

Der norwegische Wanderverein DNT ist schon seit dem späten 19. Jahrhundert auf der Hardangervidda aktiv und macht die Wildnis mithilfe von Schutzhütten und markierten Wander- und Skirouten auf sichere Weise zugänglich. Diese ausgereifte Infrastruktur mit Übernachtungsmöglichkeiten in sinnvollen Abständen lädt dazu ein, mehrere Tage von Hütte zu Hütte zu wandern. Eine klassische Route ist der 93 Kilometer lange, mittelschwere Weg von der Mogen Turisthytte bis zur Hütte von Kinsarvik. Er nimmt fünf

← Dieses rote Häuschen liegt an der Fahrradroute Rallarvegen, dem »Bahnarbeiterweg«.

Tage in Anspruch und präsentiert den Wanderern einen Querschnitt mit einsamen Weiten und Mondlandschaften mit Moränenkämmen sowie rauschenden Wasserfällen.

Ähnlich lang, aber anstrengender ist die Wanderung quer durch den Nationalpark (Hardangervidda på tvers) mit 111 Kilometern in sechs Tagen. Dabei sind fast 3000 Höhenmeter zu überwinden. Auf dem Weg von der Hütte Kinsarvik bis Åan passiert man alle Landschaftstypen der Hardangervidda: vom »wilden Westen« über die flache Hochebene in den hügeligen Osten.

Wahrzeichen Hårteigen

Im Westen erhebt sich der 1690 Meter hohe Hårteigen, das Wahrzeichen des Nationalparks. Bei schönem Wetter kann man den Berg mit dem Spitznamen »grauer Wegweiser« von der ganzen Hochebene aus sehen, und zu beobachten, wie die Sonne dahinter untergeht, gehört zu den erhebendsten Erlebnissen, die die Hardangervidda zu bieten hat.

Als Startpunkte für eine Exkursion auf den Gipfel bieten sich die Wanderhütten Litlos und Torehytta an. Bei klarer Sicht wird man oben von einem unschlagbaren Panorama belohnt. Man sieht unter anderem den Gebirgskamm Sandfloegga, der mit 1721 Metern den höchsten Punkt der Hochebene bildet. Auch der Hardangerjøkulen – Norwegens sechstgrößter Gletscher – ist zu sehen. Und im Norden reicht der Blick mit etwas Glück bis zum 35 Kilometer langen Gebirgskamm Hallingskarvet, dem ein eigener Nationalpark gewidmet ist.

Zwei Besucherzentren

Der Nationalpark Hardangervidda wird von zwei Besucherzentren bedient: dem Hardangervidda Nasjonalparksenter im südöstlich gelegenen Rjukan und dem Norsk Natursenter Hardanger, das sich weiter nordwestlich in Øvre Eidfjord, unweit vom Hardangerfjord, befindet. Bei beiden handelt es sich um moderne Bauten, die sich von der Wildnis der Natur abheben.

Das Nationalparkzentrum in Rjukan zeigt eine preisgekrönte interaktive Ausstellung in sechs Kapiteln über die Natur und Tierwelt auf der Hardangervidda. Darin geht es vor allem um die wilden Rentiere: ihren Lebensrhythmus, ihre Verbreitung in Norwegen, die historische Entwicklung und das Zusammenspiel zwischen Mensch und Tier. Ein Minikino stellt in kurzen Filmchen andere Bewohner des Nationalparks vor. Außerdem gibt es ein verglastes Panoramacafé mit spektakulärer Aussicht. Im Außenbereich ist ein 2,5 Kilometer langer Naturlehrpfad angelegt mit Beschreibungen in zehn Sprachen.

Das »norwegische Naturcenter« in Øvre Eidfjord bietet einen interaktiven Streifzug durch die Natur des Landes. Die Ausstellung wurde 2018 eröffnet und vermittelt Wissen mit modernem Design und aktueller Technologie. Sie geht auch auf kulturelle Aspekte ein: Ein Film skizziert, wie die Landschaft mit Fjorden, Bergen und Wasserfällen seit über 250 Jahren viele Maler inspiriert. Im Restaurant Hardangerviddahallen werden norwegische Zutaten hochwertig verarbeitet. Es gibt auch ein »Hardangerbuffet«.

← Das rote »T« auf den Wegweisern steht für den norwegischen Wanderverein, der Pfade und rund 650 Schutzhütten im ganzen Land pflegt.
↗ Unterkünfte im Nationalpark Hardangervidda

INFO

SCHUTZHÜTTEN

Der norwegische Wanderverein DNT unterhält auf dem Hardangerplateau 21 Schutzhütten. Neun davon – darunter die erste, 1878 errichtete Krækkja Turisthytte – haben Personal vor Ort, der Rest funktioniert mit Selbstbedienung. Neben diesen DNT-Hütten gibt es noch etwa 30 weitere private Unterkünfte. www.english.dnt.no/cabins-in-hardangervidda, www.hardangervidda.com

FAHRT MIT DER BERGENBAHN

Durch den Nationalpark Hardangervidda verläuft die Bergenbahn (Bergensbanen). Diese 1909 eingeweihte Bahnstrecke verbindet die Hauptstadt Oslo mit der »Second City« Bergen an der Westküste. Sie gilt als eine der schönsten Eisenbahnstrecken Europas und bietet zwischen Geilo und Myrdal faszinierende Aussichten auf die Landschaft des Nationalparks. Die dazwischenliegenden Stationen Haugastøl und Finse eignen sich als Startpunkte für eine Erkundung der Hardangervidda aus nördlicher Richtung. In Myrdal kann man außerdem in die ebenfalls kultige Flåmbahn umsteigen.

DRAISINEN-FAHRT

Auf den stillgelegten Gleisen der ehemaligen Numedalsbanen kann man heute mit Draisinen fahren. Auf einer 32 Kilometer langen Strecke geht es durch Wälder, an Gewässern vorbei, über Wiesen, durch Schluchten und Tunnel. Die Tour startet beim Gasthaus in Veggli (Veggli Vertshus). Diese Unternehmung bietet sich an, wenn man aus Oslo kommt: Von Kongsberg nimmt der Abstecher nach Veggli eine Fahrtstunde in Anspruch.
www.dresin.net

Die Bergenbahn legt zwischen der Hauptstadt Oslo und der Küstenstadt Bergen gut 500 Kilometer zurück. Die Strecke durchquert auch das Hardanger-Plateau.

22

OSTERFJORD

LANGSAM DURCHS NADELÖHR

In Bergen startet die Schifffahrt über den Osterfjord, die sich fast ohne Planung in die Reise integrieren lässt. Der Wasserweg verengt sich an seiner reizvollsten Stelle auf wenige Meter, sodass die Ufer zum Greifen nah erscheinen.

Dass der Osterfjord leicht zu erreichen ist, nimmt ihm nichts von seiner Wildheit. Die meisten erleben ihn im Rahmen einer gut dreistündigen Schifffahrt ab Bergen, die das ganze Jahr über angeboten wird. Im Sommer gibt es täglich zwei Abfahrten. Es gibt auch die Möglichkeit, die Schifffahrt mit einer geführten Wanderung zu kombinieren. Und selbst in der kalten Jahreszeit ermöglicht der Start um 10 Uhr morgens, dass man die Landschaft bei Tageslicht gut sieht.

Und der Fjord ist eine Augenweide: Er beeindruckt durch seine Umgebung mit hohen Bergen, steilen Klippen und grünen Hängen. Manchmal scheinen die Felswände zum Greifen nah. Die spektakulären Aussichten machen den Wasserweg zu einem beliebten Ziel für Naturliebhaber und Fotografen. Am Ufer liegen kleine Dörfer und Siedlungen mit traditionellen Holzhäusern, die dem Fjord einen authentisch-malerischen Charakter verleihen. Besonders pittoresk wird es bei Mostraumen: Dort verengt sich die Wasserstraße auf 50 Meter.

Genau genommen befährt man auf dieser Tour sogar drei Fjorde. Zuerst folgt die Fahrt dem 27 Kilometer langen Osterfjord. Doch ab der Ortschaft Romarheim gen Nordosten spricht man vom Romarheimsfjord, der weitere elf Kilometer misst. Und das letzte, sieben Kilometer lange Stück zwischen Mostraumen und der Ortschaft Mo nennt sich Mofjord. Dieses Dorf mit hundert Einwohnern, einer Kirche und einem Restaurant am Wasser wird von zwei Wasserfällen flankiert: dem Kvernhusfossen und dem Bergsåafossen.

Ein See wird zum Fjord

Der Mofjord war ursprünglich übrigens ein See namens Movatnet, der mit dem Romarheimsfjorden über einen Fluss verbunden war. Während kleinere Boote diesen passieren konnten, wurden größere Wasserfahrzeuge über die Landenge aus Sand und Geröll gezogen. Durch eine Flut im Jahr 1743 vertiefte sich das Flussbett, sodass Ebbe und Flut des Meeres Wasser in den See und wieder hinaus spülten.

Die Bewegung der Gezeiten vertiefte wiederum die Fahrbahn bei Mostraumen, sodass bald auch größere Boote ohne die früheren Anstrengungen bis nach Mo kamen. Allerdings nur in der warmen Jahreshälfte: Wenn der Romarheimsfjorden und Mofjorden im Winter zufroren, mussten die Einheimischen per Schlitten kommen, um sich ihre Waren abzuholen.

← Bei der gemächlichen Fahrt über den Osterfjord kommt man den grünen, bergigen Ufern stellenweise ganz nahe.
↓ Bei Mostraumen ist der Wasserweg nur 50 Meter breit.

INFO

WANDERUNG ZUM »SCHLOSS«
Wer den Mofjord auf eigene Faust erkunden möchte, kann auf etwa halber Strecke zwischen Mo und Mostraumen eine Wanderung zum Aussichtspunkt Slottet (Schloss) am nördlichen Ufer unternehmen. Dabei handelt es sich um eine steile, 200 Meter hohe Klippe, die als kleine Version des Preikestolen (s. S. 74) gilt.

RØDNE FJORD CRUISE
So heißt der Anbieter der Halbtagesausflüge auf der Route Bergen–Mostraumen. In der Nebensaison kann man spontan Tickets bekommen, aber eine Reservierung im Voraus empfiehlt sich immer.
https://rodne.no/en/fjordcruise/

23

REGIONAL- UND GEOPARK FJORDKYSTEN

NORWEGENS WESTLICHSTER PUNKT

Die inselreichen Gemeinden Askvoll und Solund bilden – zusammen mit Hyllestad und Fjaler im Hinterland – seit 2021 Norwegens ersten kombinierten Regional- und Geopark. Er zeichnet sich durch eine reizvolle Küstenlandschaft und -kultur sowie eine besondere Geologie an den Fjorden aus.

Im Regionalpark Fjordküste münden fünf Fjorde in die Nordsee: Sognefjord, Åfjord, Dalsfjord, Stongfjord und Førdefjord. Dementsprechend maritim und zerfurcht zeigt sich die Landschaft. Es weht immer eine salzige Brise, die nicht selten zu einem ausgewachsenen Sturm anschwillt.

Der 2021 eingerichtete Regionalpark eignet sich gut zum Paddeln und Inselhüpfen, um die vielen kleinen Gemeinden und Fischerdörfer zu besichtigen. Das örtliche Postschiff verbindet die Inseln Solund, Bulandet und Værlandet, und wer das Fahrrad mitnimmt, holt das meiste aus der Rundreise heraus. Es gibt auch Sandstrände mit türkisblauem Wasser. Zum Baden eignet sich etwa der Strand Refviksanden.

An Land kann man wandern oder Fahrrad fahren. Da die Berge nah an der Fjordküste liegen, bieten sich von den Gipfeln tolle Aussichten. Für eine Wanderung eignet sich beispielsweise der Berg Alden, der wegen seiner Form auch »norwegisches Pferd« heißt. Er ist 481 Meter hoch und vom Meer aus schon aus hundert Kilometer Entfernung zu sehen. Mit der öffentlichen Fähre kommt man bis Værlandet; dort muss man sich ein Wassertaxi bis Alden bestellen.

Wer im Sommer kommt, mahlt zuerst ...

Die geologisch so besondere Küsten- und Fjordlandschaft ist vor 10.000 Jahren entstanden: Sie wurde beim Abschmelzen der Gletscher nach der letzten Eiszeit geformt und bestimmt das Leben der Menschen in der Region seit Jahrtausenden. Beispielsweise haben Wikinger Spuren hinterlassen, von denen Besucher einige entdecken können. Auch für sie war der felsige Untergrund von höchster Bedeutung: Rund um Hyllestad waren Steine quasi das graue Gold. Schon im 7. Jahrhundert wurde dort, an der Mündung des Sognefjords, Gestein abgebaut. Mit rund 400 Steinbrüchen war es bis ins Mittelalter Nordeuropas größte Steinbruchlandschaft. Es kommt nämlich ein besonderer Glimmerschiefer vor *(granatglimmerskiferen)*, der sich perfekt für die Herstellung von Mühlsteinen eignete.

Im Freilichtmuseum Mühlsteinpark (Kvernsteinsparken) geht es um die Wikinger als Steinmetze und Händler. Ihre lebenswichtigen Erzeugnisse – Mühlsteine zum Mahlen von Getreide – wurden bis nach Schweden und Deutschland verschifft. Es gibt einen Lehrpfad, der das ganze Jahr über begehbar ist. Im Sommer (Mitte Juni bis Mitte August) ist Personal vor Ort, und man kann in die Geschichte eintau chen, indem man selbst Mahlsteine bedient und Brot bäckt.

INFO

ANREISE

Am besten und schönsten nähert man sich dem Regionalpark Fjordkysten auf dem Wasserweg. Die Schnellboote (Hurtigbåt) der Reederei Norled verbinden die Städte Bergen und Selje; dazwischen liegen mehrere Stationen im Park an der Route. Man kann aber auch mit dem Auto anreisen: Die Fahrt von Bergen zur Autofähre in Rutledal dauert etwa zwei Stunden; von dort geht's nach Solund oder Hyllestad. www.norled.no, www.fjord1.no

LEUCHTTURM-SAFARI NACH UTVÆR

Die westlichste Inselgruppe Norwegens (Utvær) hat keine feste Bevölkerung mehr, dient aber Fischern zeitweise als Basis. Der 31 Meter hohe gusseiserne Leuchtturm von 1900 ist das Wahrzeichen der abgelegenen Inseln. Im Sommer werden Tagesausflüge angeboten (immer samstags von Ende Juni bis Anfang August). Start ist in Hardbakke, und nach einer einstündigen Fahrt durch die Inselwelt kann man den Leuchtturm besteigen und die atemberaubende Aussicht genießen.
www.booking.fjordkysten.no, www.fjordkystparken.no

← Zu beiden Seiten des Sognefjords erstreckt sich ein Radwegenetz. Der Veranstalter Fjord Cycling bietet Radurlaub mit Unterkünften an.
↑ Die Autofähre transportiert Besucher über den Dalsford.

Abendstimmung in Gamle Lærdalsøyri, einem Dorf mit 161 historischen Holzhäusern

24

NATIONALPARK JOSTEDALSBREEN

EUROPAS GRÖSSTER GLETSCHER

In der Provinz Vestland liegt der größte Gletscher, den man auf dem europäischen Festland finden kann. Drum herum erstreckt sich ein landschaftlich vielfältiger Nationalpark, der mit einer Fläche von über 1300 Quadratkilometern zu Norwegens größten gehört.

Der Nationalpark wurde im Jahr 1991 gegründet, um die weitläufige, unberührte Gletscherlandschaft zu schützen und die Umgebung als Gebiet zum Forschen und für Naturerlebnisse zu erhalten. Im Mittelpunkt steht der Plateaugletscher Jostedalsbreen mit seinen Auslassgletschern, über die das Eis in verschiedene Richtungen abfließt. Ganze 28 davon tragen eigene Namen. Der längste dieser Gletscherarme ist der 15 Kilometer lange Tunsbergdalsbreen.

Der Jostedalsbreen ist – mit einer Fläche, die jene der Gemeinde Köln übersteigt – der größte Gletscher auf dem europäischen Festland. Er ist etwa 60 Kilometer lang und stellenweise bis zu 15 Kilometer breit. An der dicksten Stelle kommen 600 Höhenmeter zusammen. Mit diesen beträchtlichen Ausmaßen bindet der Jostedalsbreen so viel Frischwasser, wie Norwegen in hundert Jahren verbraucht: etwa 73 Kubikkilometer, was rund 300 Milliarden Badewannen voll Wasser entspricht.

Unter dem Eispanzer liegt ein Plateau aus Gneis, und einzelne Felsen und Gipfel aus dem dunklen Gestein ragen aus dem Gletscher heraus. Bekannte Erhebungen sind Suphellenipa (1731 Meter) und der höchste Berg namens Lodalskåpa (2083 Meter) auf der Westseite. Die höchste von Eis bedeckte Stelle des Gletschers heißt Høgste Breakulen und liegt 1957 Meter über dem Meer. Mehrere Gipfel, die früher ebenfalls von Eis bedeckt waren, ragen aus dem Gletscher hervor. Eine weitere Besonderheit ist eine tiefe Grube im Gletscherplateau (Bings gryte).

Eisige Geschichte

Das älteste Eis des Jostedalsbreen ist 1000 bis 2000 Jahre alt. Man geht davon aus, dass der Gletscher gegen Ende des mittleren Holozäns entstanden ist – also vor 5000 Jahren – und nicht etwa in der letzten Eiszeit. Während der sogenannten Kleinen Eiszeit, die um 1750 endete, erreichte der Gletscher seine größte Ausdehnung. Einige Gletscherarme, zum Beispiel der Nigardsbreen und der Brenndalsbreen, rückten zu der Zeit so weit vor, dass sie Höfe und landwirtschaftlich betriebene Flächen zerstörten.

Bis 1923 gab es einen ost-westlichen Handelsweg über den Gletscher, der mehrere Jahrhunderte lang genutzt wurde. An den Enden der Gletscherzungen wurden einige Reste von alten Höfen und Hütten aus früherer Nutzung gefunden. Damit hat der Park auch ein kulturelles Erbe.

→ Umgeben vom Eis des Jostedalsbreen, fühlt man sich ganz klein.

← Gletscher-Hahnenfuß *(Ranunculus glacialis)* mit rosaroten Blüten
↘ Mancherorts gibt es Hilfe bei der Wanderung durch die eisige Landschaft, etwa in Form einer Leiter wie hier auf dem Weg zum Nigardsbreen.

Seit 1930 werden am Gletscher Messungen vorgenommen, wodurch sich exemplarisch der Klimawandel nachvollziehen lässt. Bei einer Messung des Gletschers im Jahr 2006 kam man auf 474 Quadratkilometer, doch tendenziell schmilzt jedes Jahr mehr Eis ab, als sich im Winter durch Schneefälle wieder bildet. Es fällt aber auch auf, dass einige Gletscherareale kleiner werden, während andere Gletscherarme aufgrund von Niederschlägen weiter vorrücken.

Unerwartete Kontraste

Der Park zeichnet sich durch eine enorme Vielfalt an Naturtypen aus, die innerhalb von relativ kurzen Abständen wechseln: Die Spannweite reicht von grünen Tälern mit Nadelwäldern bis hin zu kargen Berg- und Eislandschaften. Schon eine kurze Wanderung kann den Eindruck erwecken, dass man von einer Jahreszeit in die nächste übergegangen ist. Oberhalb der Baumgrenze überwiegen Gräser. Auch Gletscher-Hahnenfuß, Gämsheide, Gegenblättriger Steinbrech, Dreigriffeliges Hornkraut und Alpenschmiele sind im Nationalpark verbreitete Pflanzen.

Auf dem Gletscher selbst sind nahezu keine Tiere zu finden. Zu den wenigen Vögeln, die auf der Eiskappe zurechtkommen, gehört die Schneeammer. Mit 16 Zentimetern und 40 Gramm ist sie nicht größer als ein Spatz. Im Gegensatz dazu herrscht in den Tälern am Fuß des Gletschers eine große Artenvielfalt. An warmen Sommertagen erfüllt das Zwitschern der Vögel und das Zirpen der Insekten die Luft.

Nationalparkhaus und Gletschermuseum

Im nördlichen Oppstryn liegt das Nationalparkhaus (Jostedalsbreen Nasjonalparksenter) inmitten der wilden norwegischen Fjordlandschaft mit grünen Tälern und steilen Bergen. Das Hauptgebäude ist einem Wikingerhaus nachempfunden und hat ungefähr die gleiche Größe wie das größte Wikinger-Langhaus, das man bisher in Norwegen gefunden hat. Im Inneren erfährt man Wissenswertes über das Leben in der Nähe des Gletschers über die Jahrhunderte. Außerdem wird gezeigt, wie die Landschaft im Laufe der Zeit von Gletschern beeinflusst wurde und wie sich die Eiskappe entwickelt. Im Freien sind ein botanischer Garten und ein Steinpark angelegt.

Außerdem geht es um die frühen »Gletschertouristen« und ihre Ausrüstung. Der erste war wahrscheinlich der englische Bergsteiger William Cecil Slingsby (1849–1929), ein Pionier des Alpinismus in Norwegen. Er besuchte den Gletscher um 1880 mehrere Male. Und aus Österreich kam im gleichen Jahrzehnt der Literat Friedrich Eckstein (1861–1939). Von seiner Überquerung wird im Buch »MacEcks sonderbare Reisen zwischen Constantinopel und San Francisco« (1901) von Ludwig Hevesi berichtet.

Südlich des Nationalparks befindet sich das norwegische Gletschermuseum (Norsk Bremuseum). Es wurde 1991 gestiftet und befindet sich in einem kantigen Betonbau, entworfen vom norwegischen Architekten Sverre Fehn (1924–2009). Die Ausstellung beschäftigt sich mit dem Zusammenspiel zwischen Natur und Mensch sowie innerhalb der Natur. Die Hauptattraktion ist ein Panoramafilm über den Jostedals-Gletscher. Im Freien gibt es einen pädagogisch gestalteten Spielpark für Kinder. Im Jahr 2007 wurde mit dem Ulltveit-Moe-Klimazentrum eine Erweiterung eröffnet; der Neubau stammt ebenfalls von Fehn.

INFO

VIKINGFJORD VODKA

Diese 1985 gegründete Wodka-Marke stellt ihre Spirituosen mit Wasser aus dem Jostedals-Gletscher her. Neben »klassischem« Wodka gibt es aromatisierte Sorten mit Zitronen-, Apfel- oder Heidelbeergeschmack. Die Getränke mit einem Alkoholgehalt von 37,5, 40,0 oder 50,0 % vol. sind bei Vinmonopolet erhältlich, dem staatlichen Unternehmen mit dem nationalen Monopol auf Getränke mit einem Alkoholgehalt von mehr als 4,75 Volumenprozent.
www.vinmonopolet.no

NATIONALPARK BREHEIMEN

Im Osten schließt der 2009 gegründete Nationalpark Breheimen (»Heimat der Gletscher«) an, der mit 1691 Quadratkilometern noch größer ist als der Nationalpark Jostedalsbreen. Zwischen den beiden eisigen Landschaften liegt – kurz vor dem Ende der Landesstraße Fv334 – das Besucherzentrum Breheimsenteret. Der auffällige Bau erinnert an einen Gletscher mit Spalten und Spitzen. Dort werden Outdoor-Aktivitäten wie Rafting und Gletschertouren angeboten.
www.jostedal.com

Im Herbst verzaubert der Nationalpark Breheimen mit seiner intensiven Laubfärbung.

25

GEIRANGERFJORD

NORWEGENS VORZEIGEFJORD

Von den über tausend Fjorden, die es in Norwegen gibt, gilt jener bei Geiranger als sehenswertester und zieht dementsprechend viele Besucher an. Das sollte Sie aber nicht davon abhalten, sich außerhalb der Hochsaison bei einer Wanderung zum Aussichtspunkt von der spektakulären Landschaft verzaubern zu lassen.

Der Geirangerfjord liegt bei Sunnmøre in der Provinz Møre og Romsdal. Er ist Teil eines enormen Fjordsystems, das zwischen Stavanger und Andalsnes über 500 Kilometer der norwegischen Westküste prägt. Der Fjord mündet allerdings nicht direkt ins Meer. Vielmehr handelt es sich um einen 15 Kilometer langen Seitenarm des Sunnylvsfjords, der wiederum in den 110 Kilometer langen Storfjord übergeht.

Insgesamt hat Norwegen über tausend Fjorde, die einen eigenen Namen tragen. Von dieser Menge hat die UNESCO zwei ausgewählt und 2005 auf die Welterbeliste aufgenommen: den Geirangerfjord und den südlicher gelegenen Nærøyfjord (s. S. 103). Dazwischen liegen 120 Kilometer Luftlinie – am Boden sind das allerdings 300 Kilometer Fahrweg in durchschnittlich sechs Stunden. Die beiden Fjorde gelten als die landschaftlich reizvollsten weltweit, was sie unter anderem den steilen Felswänden aus Gneis verdanken, die sich bis zu 1400 Meter erheben und ganze 500 Meter unter die Wasseroberfläche reichen.

← Der mehrteilige Wasserfall namens »Sieben Schwestern« erzeugt einen Regenbogen.

Entlang der steilen Wände der Fjorde gibt es zahlreiche Wasserfälle, die sich wie Schleier über die Felsen ziehen und bei Sonnenschein schimmernde Regenbögen erzeugen. Der bekannteste heißt »Sieben Schwestern« (Dei sju systrene) und ist nach sieben Strömen benannt, die aus bis zu 300 Meter Höhe direkt nebeneinander herabfallen. Auf der gegenüberliegenden Fjordseite befindet sich der Wasserfall Freier (Friaren). Der Legende nach warb ein Mann nacheinander um alle sieben Schwestern. Nachdem ihn alle ablehnten, ertränkte er seinen Kummer im Alkohol – daher die Form »seines« Wasserfalls, der an eine Flasche erinnert. Und um das Liebesdrama noch zuzuspitzen, gibt es gleich neben dem Freier noch den Brautschleier (Brudesløret), wobei dieser beliebte Name noch acht weiteren Wasserfällen in Norwegen gegeben wurde.

Fjordzauber in Theorie und Praxis

Der namensgebende Ort Geiranger liegt am östlichen Ende des Fjords. Im Verhältnis zur geringen Größe mit etwa 250 Einwohnern gibt es viele Einkaufsmöglichkeiten, Hotels und Gaststätten. Besucher können außerdem eine Kunstgalerie und eine Kirche aus dem Jahr 1842 besuchen. Kein Zweifel: Geiranger lebt vom Tourismus. Der Geirangerfjord ist nämlich der am meisten besuchte Fjord des Landes. Ein Drittel aller Besucher kommt im Juli, etwa 70 Prozent verteilen sich auf den Rest des Jahres. Es gab

Jahre, da haben über eine Million Touristen ihren Weg dorthin gefunden, die Hälfte davon per Kreuzfahrtschiff. Nur im Winter ist der Fjord nicht schiffbar, da Lawinen hohe Wellen verursachen. Wer die größten Besucherströme vermeiden möchte, kann im Mai kommen: Dann herrscht Frühling am Geirangerfjord, auf den Bergen liegt noch Schnee, die Wasserfälle werden von Schmelzwasser gespeist, und es blühen viele Blumen und Bäume.

Neben dem Hurtigruten-Terminal sowie dem Kreuzfahrtterminal, das jährlich um die 160 Schiffe abfertigt, befindet sich der Anleger der Autofähre, die Geiranger mit Hellesylt verbindet (20 Kilometer in einer Stunde). Campingplätze mit Kajakverleih bieten jenen eine gute Basis, die den Fjord aus eigener Kraft vom Wasser aus erleben möchten. Außerdem werden geführte Bootstouren angeboten. Der modern gestaltete Aussichtspunkt Ørnesvingen, den man nach sieben Kilometern über die Adlerstraße (Ørnevegen) mit elf Serpentinen erreicht, bietet einen unschlagbaren Blick auf Geiranger und den Geirangerfjord. Die Wanderung dorthin gehört zu einem Ausflug zum Geirangerfjord dazu.

Einen reichlichen Kilometer vom Hafen entfernt lädt das norwegische Fjordzentrum (Norsk Fjordsenter) zu einem Streifzug durch die westnorwegische Fjordlandschaft ein. Die Ausstellung geht etwa darauf ein, wie es sich früher in dem unwegsamen Gelände gelebt und wie sich Geiranger vom unscheinbaren Dorf zur weltbekannten Destination entwickelt hat. Der Weg zum Besucherzentrum führt über Holzstege mit Aussicht am Wasserfall Storfossen entlang.

Erinnerung an Bergbauern

Mit den Wasserfällen und den rauen Felsen kontrastieren die grünen Hügel der Fjordlandschaft. Am Geirangerfjord lebten früher tatsächlich Menschen auf Bauernhöfen. Die Dächer der Häuser wurden so gebaut, dass die regelmäßigen Lawinen über sie wegrollen konnten, ohne sie zu zerstören. Das Klima der westnorwegischen Fjorde ermöglicht eine üppige grüne Vegetation und unter anderem den Anbau von Apfel- und Aprikosenbäumen.

Die erhaltenen Bergbauernhöfe, von denen der älteste vor etwa 300 Jahren gebaut wurde, sind heute bedeutsame Kulturdenkmäler. Sie sind zwar nicht mehr bewohnt, doch einige werden vom Verein Storfjordens venner instand gehalten. Dazu gehört der Hof Skageflå, der neun Kilometer westlich von Geiranger in 250 Meter Höhe auf einem Felsvorsprung liegt. Wer die unglaubliche Location besuchen möchte, hat die Wahl zwischen Wanderung (drei Stunden pro Strecke) und Bootstour plus Aufstieg über einen steilen Pfad und eine Leiter. Von oben reicht die Aussicht bis zu den »Sieben Schwestern« auf der gegenüberliegenden Seite des Fjords.

Der Name »Geiranger« setzt sich übrigens aus den altnordischen Wörtern *geiri* und *angr* zusammen. Das erste bezieht sich auf Ländereien oder Felder am Berg und verweist auf die Bauernhöfe. Das zweite ist eine alte Form von »Fjord«.

← Über den Steg am Wasserfall Storfossen gelangt man zum Fjordzentrum (Norsk Fjordsenter).
↗ Mitten in Geiranger thront das Viersternehotel Union über dem Wasserfall.

INFO

LANDSCHAFTSROUTE GEIRANGER–TROLLSTIGEN
Zwischen dem ikonischen Fjord und dem ebenso beeindruckenden Troll-Wanderpfad verläuft eine der 18 norwegischen Landschaftsrouten (Nasjonale turistveger). Wie alle diese Panoramastraßen zeichnet sie sich durch reizvolle Natur und architektonisch interessante Rast- und Aussichtsplätze aus. Einer davon ist der Aussichtspunkt Ørnesvingen. Die Länge beträgt 104 Kilometer, und unterwegs überwindet man einen Höhenunterschied von über tausend Metern.
www.nasjonaleturistveger.no

NÆRØYFJORD
Der zweite Fjord auf der UNESCO-Welterbeliste ist ein besonders wilder Seitenarm des Sognefjords. Er ist 17 Kilometer lang und an der schmalsten Stelle nur 250 Meter breit. Damit zählt die Passage des Nærøyfjords zu Norwegens eindrucksvollsten Fjordfahrten. Vom Wasser aus sieht man außerdem steil aufragende, schneebedeckte Berge, Wasserfälle und idyllisch gelegene Bauernhöfe, die sich an die Berghänge schmiegen.
www.fjordnorway.com

Der Nærøyfjord wird von landwirtschaftlich genutzten Weiden gesäumt, wo unter anderem Schafe grasen.

26

HIMAKÅNÅ

DIE »KLEINE TROLLZUNGE«

Die vorspringende Form des Himakånå-Gipfels erinnert an die berühmte Trolltunga. Mit seiner bescheidenen Höhe von 357 Metern über dem Meer ist dieser Berg jedoch deutlich kleiner. Zwei Vorteile hat er dabei: Die Wanderung fällt kürzer aus und ist viel weniger überlaufen.

Der Berg liegt in der Provinz Vestland in Norwegen und befindet sich südlich des Hardangerfjords, eines der längsten Fjorde der Welt. Rund herum breitet sich eine spektakuläre Landschaft aus: Die Region ist bekannt für tiefblaue Seen, malerische Fjorde und beeindruckende Gletscher. Und dank eines günstigen Mikroklimas und des nahrhaften Bodens des Berges gedeihen Eichen, Buchen und Birken. Es gibt auch eine artenreiche Fauna mit Rentieren und verschiedenen Vogelarten wie zum Beispiel Steinadler und Falken.

Der Name Himakånå bedeutet übersetzt etwa »zu Hause gebliebene Frau« (*hjemme* bedeutet »zu Hause« und *kone* die »Ehefrau«). Wie bei vielen anderen Bergformationen im Land entstammt diese Bezeichnung dem norwegischen Sagenschatz. Wer Erzählungen von Trollen gehört hat, kennt das Leitmotiv der Versteinerung. Um den Himakånå-Gipfel ranken sich mehrere Legenden, die alle gemeinsam haben, dass jemand aus verschiedenen Gründen zu Stein wird und so die Felsformation bildet.

Und irgendwie lässt sich der Name auch auf den Himakånå als Ausflugsziel übertragen: Lange war er für die Einheimischen »einfach da« und wurde als selbstverständlich angesehen. Niemand hat dem Himakånå größere Beachtung geschenkt. Doch spätestens seitdem fotolüsterne Touristen auf die echte Trolltunga stolpern, schätzen Wanderer, die die unberührte Natur wegen ihrer Stille aufsuchen, diese Miniaturversion des prominenten Felsens. Die Wanderung geht schneller, ist leichter zugänglich und zudem familienfreundlich. Der Aufstieg zum Gipfel dauert etwa eine Stunde. Am Ziel wird man mit einem Panoramablick auf den See Lysevatnet, den Nedstrandsfjord und die von üppigen Wäldern umgebenen Bauernhöfe belohnt.

Hochseilgarten mit Fjordblick

Wer die Begeisterung für überschaubare Klettertouren weiter schüren möchte, findet in Hinderåvåg (wo man ohnehin parkt, um den Himakånå zu besteigen) gleich noch einen Hochseilgarten. Bei Høyt & Lavt Nedstrand gibt es fünf Routen mit insgesamt 78 Kletterelementen für verschiedene Altersstufen. Die 304 Meter lange Seilrutsche bietet einen atemberaubenden Blick auf den Boknafjord. Dieser 96 Kilometer lange Fjord – der größte in der Provinz Rogaland – breitet sich zwischen den Hafenstäden Stavanger und Haugesund aus. Sein Name kommt übrigens von der Insel Store Bokn, die 294 Meter aus dem Meer herausragt.

← Ähnlich spektakulär, jedoch weitaus weniger besucht und einfacher zu erreichen: die kleine Version der berühmten »Trollzunge«.
↓ Auf der Insel Bukkøya liegt Avaldsnes: Erinnerungen an die Wikingerzeit.

INFO

HAUGESUND

In der pittoresken, gut 45.000 Einwohner starken Hafenstadt lässt man sich bei einem Spaziergang am Wasser die steife Brise der Nordsee um die Nase wehen. Die Geschichte der Stadt reicht bis in die Wikingerzeit zurück, als Haugesund ein bedeutsamer Königssitz war. Dort befand sich die Hochburg der Herrscher, als Harald Hårfager Norwegen zu einem Königreich vereinte. Das Nationaldenkmal Haraldshaugen markiert sein (vermutetes) Grab.
www.fjordnorway.com

AVALDSNES

Keine zehn Kilometer südlich von Haugesund liegt noch eine Topsehenswürdigkeit für alle, die sich für die Wikingerzeit interessieren: das anschauliche Geschichtsmuseum Nordvegen Historiesenter. Außerdem gibt es eine mittelalterliche Kirche und einen nachgebauten Wikinger-Bauernhof zu besichtigen.
www.avaldsnes.info

NORWEGISCHE LANDSCHAFTSROUTEN

ARCHITEKTUR IM DIALOG MIT DER NATUR

Norwegen ist weltweit für seine zukunftsweisenden Bauten bekannt, die sowohl in Städten als auch in der Natur zu finden sind. Begonnen hat diese Entwicklung mit den »nasjonale turistveger«: 18 Traumstraßen durch die reizvollsten Ecken des Landes.

Mit dem Ausbau der norwegischen Landschaftsrouten (nasjonale turistveger) begründete das norwegische Parlament die größte Investition in den Tourismus – und zwar landesweit. Das war 1994. Seitdem wurden 18 Straßenabschnitte mit Längen zwischen 27 und 195 Kilometern identifiziert, beschildert – und mit architektonisch spannenden Aussichtspunkten versehen.

Diese Routen werden als Alternativen zu den Hauptverkehrsadern verstanden. Wer sie befährt, kommt in gemächlichem Tempo durch typisch norwegische Landschaften mit Inseln, Fjorden, Bergen und Wasserfällen.

An jeder Route liegen mehrere moderne Bauwerke, die die Fahrer zum Anhalten einladen und ihnen einen eindrucks-

← Am Erfjordstrand in Senja steht »Gulldassen«, die goldene Toilette.
↙ Eines der spannendsten Bauwerke an den Panoramastraßen ist Stegastein am Aurlandsfjord, gestaltet vom Kanadier Todd Saunders.
↓ Ein weiteres stilles Örtchen der besonderen Art wartet am Ureddplassen in der Gemeinde Storvik.

vollen Austausch mit der Landschaft ermöglichen. Das können Aussichtsplattformen, Brücken, Rastplätze oder Schutzhütten sein. Auch die eine oder andere öffentliche Toilette ist darunter.

Schlüsselwerke der Gegenwart

Über 50 Architekten und Architekturbüros waren an der Ausgestaltung der Landschaftsrouten beteiligt. Und für viele Firmen, die heute erfolgreich sind, war die norwegische Straßenverkehrsbehörde der allererste Auftraggeber. Ein Beispiel ist der aus Kanada stammende Architekt Todd Saunders (geb. 1969), der zusammen mit seinem damaligen Geschäftspartner Tommie Wilhemsen den Aussichtspunkt Stegastein entworfen hat: eine 30 Meter lange Plattform aus Stahl, die oberhalb des Aurlandsfjords – 650 Meter über dem Meer – waagerecht aus dem Hang schießt. Sie wurde 2006 fertiggestellt und war noch im selben Jahr für mehrere Architekturpreise nominiert. Sie befindet sich an der Welterbestätte Nærøyfjord (s. S. 103).

Manche Architekten haben gleich mehrere Konstruktionen für die Landschaftsrouten entworfen. Von Carl-Viggo Hølmebakk (geb. 1958) stammen ganze sechs Anlagen, darunter der spektakuläre Wanderpfad zum Wasserfall Vøringsfossen, der sich am nördlichen Rand des Nationalparks Hardangervidda (s. S. 87) befindet. Aus einer Höhe von 182 Metern stürzt Wasser von der Hochebene hinein ins Måbødalen. Über einen zwei Kilometer langen präparierten Weg kommt man der rauschenden Attraktion nahe – und über eine schmale Brücke können schwindelfreie Wanderer die Schlucht sogar überqueren.

INFO

KARTEN & MEHR

Auf der Webseite informiert die Straßenverkehrsbehörde ausführlich über die 18 Routen, ihre jeweilige Streckenführung sowie die architektonischen Highlights am Weg. Die Inhalte sind auch auf Deutsch verfügbar.
www.nasjonaleturistveger.no/de

Sonnenuntergang am Boknafjord: Ein Netz aus Wasserarmen prägt die Landschaft zwischen Stavanger und Haugesund.

SÜD-NORWEGEN

In Sørlandet, dem kleinsten Landesteil, wo die Osloer gerne ihren Badeurlaub verbringen, findet man allerlei Geheimtipps.

27

SKJERNØY

SÜDLICHE INSELGRUPPE

Den allersüdlichsten Punkt Norwegens bildet die 250 Quadratmeter kleine Schäreninsel Pysen. Während dieses Eiland nicht erreichbar ist, lohnt sich durchaus ein Ausflug auf die nahe Insel Skjernøy.

Vor Mandal, einem Ort am südlichsten Abschnitt der norwegischen Küste, liegt ein beachtlicher Schärengarten im Skagerrak. Übrigens wird dieses Meeresgebiet ein kleines Stück weiter westlich von Lindesnes begrenzt – dem südlichsten Punkt des norwegischen Festlands. In diesem Gebiet findet man auch Skjernøy, die südlichste bewohnte Insel des Landes. Sie ist mit 5,6 Quadratkilometern die größte Insel der Gemeinde Lindesnes und zählt eine rund 400-köpfige Bevölkerung. Dass sich diese gehalten hat, verdankt die Insel der 1964 eröffneten Brücke Skjernøysundbrua, die die Insel mit dem Festland verbindet.

Die Einwohner verteilen sich auf kleine Ortschaften: Dyrstad, Skjernøysund, Valvik, Farestad und Rossnes. Um von Farestad nach Rossnes zu gelangen, muss man eine fotogene Hängebrücke überqueren: Die Rossnesbroa ist 110 Meter lang, einen knappen Meter breit und sticht mit ihrer rostroten Farbe aus der blau-grünen Umgebung optisch stark hervor.

Wer im Frühling durch den Eichenwald von Skjernøy spaziert, kann eine Artenvielfalt entdecken, die angesichts des rauen Klimas überrascht: Es gibt Buschwindröschen, Schlüsselblumen und das Scharbockskraut mit seinen gelben, sternförmigen Blüten. Und an den Südhängen findet sich sogar das eine oder andere Exemplar des Langblättrigen Waldvögleins – einer seltenen Orchideensorte, die von Mai bis Juli weiß blüht.

Rundwanderung um den Rossnesvågen

Im Süden von Skjernøy findet man ein Naherholungsgebiet mit Spazierpfaden. In etwa drei Stunden kann man eine Rundwanderung rund um die Bucht Rossnesvågen absolvieren, die nur über eine etwa hundert Meter schmale Passage mit dem Meer verbunden ist. Bei der Inselkapelle (Skjernøy kapell) wird geparkt. Von dort aus geht es über die besagte Hängebrücke nach Rossnes und dann in südlicher Richtung über den Rossnesvägen. Schon bald endet die ohnehin spärliche Besiedelung und weicht zuerst einer dünn bewaldeten Landschaft, die dann in karge Schärennatur übergeht.

Heidekraut bedeckt den leicht hügeligen Untergrund, und vereinzelte Bäume halten sich dort, wo sie vor der steifen Küstenbrise geschützt sind. Aufmerksame Wanderer werden am Wegesrand den Rankenden Lerchensporn entdecken: eine filigrane, selten vorkommende Pflanze mit kleinen gelblich-weißen Blüten. Mit dünnen Ranken hält sie sich an Stützen fest, um dem Licht entgegenzuwachsen.

← Ein typischer Anblick der Insel Skjernøy im Hochsommer: Unweit vom Ort Mandal legen Freizeitboote zum Übernachten an.
↓ Der Leuchtturm auf Ryvingen ist Norwegens südlichster – und eine ausgefallene Unterkunft.

INFO

ÜBERNACHTEN IM LEUCHTTURM VON RYVINGEN

Auf der kleinen Nachbarinsel Ryvingen steht Norwegens südlichster Leuchtturm (Ryvingen fyr). Der erste Bau entstand 1867, wurde aber 1897 durch den 22,5 Meter hohen Turm ersetzt, den man heute sieht. Bis zur Automatisierung wurde das Feuer von einem dort ansässigen Leuchtturmwärter betrieben. Heute ist der Leuchtturm ein Gasthaus, das neben Übernachtungen aus Aktivitäten wie Schnorcheln, Paddeln und Angeln anbietet.
www.ryvingenfyr.no

KRISTIANSAND

Zwischen Skjernøy und Kristiansand (der fünftgrößten Stadt Norwegens mit ca. 116.000 Einwohnern) liegen 45 Kilometer. Der Abstecher lohnt sich unter anderem wegen der erhaltenen Altstadt Posebyen und dem neuen regionalen Kunstmuseum von Südnorwegen (Kunstsilo).
www.visitsorlandet.com/destinations/kristiansand,
www.kunstsilo.no

28

MANDALSELVA

LACHSANGELN FÜR KENNER

Die Mandalselva ist Norwegens südlichster Lachsfluss und der zweitgrößte Wasserlauf im Landesteil Südnorwegen. Wo saure Niederschläge einst die ursprüngliche Lachspopulation ausgerottet hatten, schwimmen dank umfassender Maßnahmen zur Verbesserung der Umweltbedingungen wieder zahlreiche Edelfische.

Der Fluss Mandalselva durchschneidet die Provinz Agder wie eine nahezu gerade Linie. Er fließt Öyulfstad aus dem See Ørevatn ab und mündet nach knapp 140 Kilometern bei Mandal über den Mannefjord in die Nordsee. Auf dieser langen Strecke bietet das breite Gewässer allerlei Möglichkeiten zum Paddeln und Angeln.

Das knapp 2000 Quadratkilometer große Niederschlagsgebiet wird von leicht hügeligem Waldgelände mit Nadelbäumen dominiert. Im Osten übernimmt die Otra das Einzugsgebiet, im Westen der Fluss Audna. Der fließt durch verwittertes Grundgestein des svekonorwegischen Schilds, dessen Alter auf über eine Milliarde Jahre geschätzt wird.

Die Rückkehr der Lachse

Die Mandalselva war bis zum Ende des 19. Jahrhunderts extrem fischreich: In den besten Jahren betrug der jährliche Fang, der sich aus Lachs und Meerforelle zusammensetzte, über 20 Tonnen. Doch zu Beginn des 20. Jahrhunderts verschwand der Lachsbestand, als Folge einer Versauerung durch saure Niederschläge. Die Meerforelle überlebte, indem sie auf weniger versauerte Nebengewässer auswich. Erst um die Jahrtausendwende begannen umfangreiche Arbeiten zur Erneuerung des Fischbestands im Wasserlauf. Unter den Maßnahmen war das größte Flussverkalkungsprojekt der Welt: Ab 1997 wurden 13.000 Tonnen Kalk pro Jahr zugegeben, um die Lachse zurückzugewinnen und die maritime Flora und Fauna ihrem ursprünglichen Zustand anzunähern. Mittlerweile werden »nur« noch 7000 Tonnen jährlich zugesetzt, was laut Experten noch lange nötig ist.

Außerdem wurde am Nebenfluss Finså eine Brüterei eingerichtet, die Fische züchtete und den Wasserlauf wissenschaftlich beobachtete. Im Jahr 2014 war die Mandalselva mit einem Gesamtfang von 6800 Kilo Lachs die Nummer 13 unter den norwegischen Lachsflüssen des Landes. Das Ergebnis bezeugt den Erfolg der Maßnahmen und hat das Heranzüchten von Fischen überflüssig gemacht.

Heute ist die Mandalselva mit 50 lachshaltigen Kilometern ein Highlight für Angler. Die Strecke ist in vier Zonen unterteilt. Drei bilden das südliche Ende des Flusses zwischen Laudal und Mandal, und die Zone 4 liegt etwas weiter nördlich zwischen Marnardal und Stedjan (18 Kilometer). Ein durchschnittlicher Fang wiegt rund 2,9 Kilogramm. Unter den 3144 gefangenen Lachsen im Jahr 2022 waren aber auch hundert kapitale mit über sieben Kilogramm.

INFO

ANGELSCHEIN

Zum Angeln an der Mandalselva benötigt man einen Angelschein (manchmal auch Fanglizenz oder Angelkarte genannt, auf Norwegisch *fiskekort*). Dieser ist persönlich, bei allen Postfilialen sowie im Internet erhältlich. Pro Tag darf ein Angler jeweils bis zu zwei Lachse und zwei Meerforellen an Land ziehen. Die Angelsaison für beide Arten dauert vom 1. Juni bis zum 31. August.
www.mandalselva.no

SCHUTZHÜTTEN IN AGDER

In den Jahren 2021 bis 2024 sind im Rahmen eines Entwicklungsprojekts in der Provinz Agder moderne Hütten für Tagesausflüge (Dagsturhytta Agder) entstanden – eine in jeder der 25 Gemeinden. Sie zeichnen sich durch einen gemütlichen Innenraum sowie große Fenster aus, die den Blick auf reizvolle Ecken in der Natur freigeben. Der Entwurf für die schlichte Hütte, der an allen Standorten verwendet wird, stammt vom Architekturbüro Feste Landskap/Arkitektur und ist aus einem Architekturwettbewerb hervorgegangen.
https://ut.no/gruppe/15884148/dagsturhytta-agder

← Die Mandalselva – kurz Marna genannt – mündet bei Mandal ins Skagerrak und wird dort von der Mandalbrücke überquert.
↑ Im Reich der Lachse schmeckt ein Fischbrötchen doppelt gut.

29

LISTA

ÜBERRASCHUNGEN MIT MEERBLICK

Selten findet man eine Region in Norwegen, in der die Dichte an Naturschutzgebieten so hoch ist wie auf der Halbinsel Lista westlich von Lindesnes. Die Landschaft ist von Seen und Buchten durchzogen und fasziniert mit ihrer Vielseitigkeit.

Die Insel Lista ist vor allem für ihre verschiedenen Strände bekannt. Man findet Sand- und Steinstrände sowie Badestellen mit rundgewaschenen Klippen. Außerdem gibt es Dünen, auf denen Pflanzen gedeihen, die in Norwegen sonst selten vorkommen: die Stranddistel, der Lungen-Enzian und das Silbergras.

Die Feuchtgebiete rund um den Leuchtturm Lista sind ein beliebter Lebensraum für Vögel. Durch die geografische Lage im Südwesten Norwegens kommen vor allem viele Zugvögel nach Lista. Im Frühling und Herbst, wenn diese ihren Boxenstopp auf der Reise gen Norden bzw. Süden einlegen, zieht es Ornithologen auf die Halbinsel. Insgesamt wurden bisher rund 350 Arten gesichtet, darunter viele Enten und Watvögel. Zu den Raritäten gehört die Pfuhlschnepfe, die eigentlich aus Sibirien kommt, Lista aber während der Migration einen Besuch abstattet. Auch das in Asien heimische Steppenhuhn, der Häherkuckuck aus dem Mittelmeerraum sowie der pazifische Kiebitzregenpfeifer wurden schon gesichtet.

Um diesen artenreichen Lebensraum für Pflanzen und Vögel zu erhalten, wurden einige Küstenpartien unter Naturschutz gestellt. Außerdem haben einige Strände sowie die flachen Seen, die ein zusammenhängendes Feuchtgebiet ergeben, den Status eines Schutzgebiets laut der Ramsar-Konvention über Feuchtgebiete von internationaler Bedeutung.

Der Leuchtturm – die am meisten besuchte Sehenswürdigkeit der Gemeinde – beherbergt ein Besucherzentrum, das die Landschaft des Feuchtgebiets und dessen Bewohner vorstellt. Es heißt Besøkssenter våtmark Lista. In der Nähe gibt es außerdem eine 1990 eingerichtete Vogelwarte (Lista Fuglestasjon). Mithilfe von Beringung und täglicher Zählung werden die rastenden Zugvögel statistisch erfasst.

Zwei kuriose Städtchen

Neben der reizvollen Natur sind auf der Halbinsel Lista auch die rund 3400 Einwohner starke Ortschaft Farsund sowie das nahe Dorf Vanse sehenswert. Auf den ersten Blick wirken sie mit ihren weißen Häuschen wie jedes beliebige norwegische Küstendorf. Doch sie sind für einige Überraschungen gut: Einerseits geht die Geschichte von Farsund auf Piraten zurück, andererseits findet man in Vanse gegenwärtig eine große Faszination für die US-amerikanische Kultur vor. Dort gibt es Gaststätten, Geschäfte und Denkmäler, die an Übersee erinnern.

← Im Leuchtturm Lista fyr befindet sich ein Besucherzentrum, das über die Flora und Fauna auf der Halbinsel informiert.
↓ Im Dorf Vanse gibt es überraschend viele Verweise auf die US-amerikanische Kultur.

INFO

RUNDGANG MIT DER NACHTWÄCHTERIN

Vor 400 bis 500 Jahren hatten die meisten Orte in Europa einen Nachtwächter, der nach Kriminellen, Bränden und anderen Gefahren Ausschau hielt, während die restlichen Bewohner schliefen. Farsund ist Norwegens einziger Ort, wo die Tradition weiterlebt – und auch der einzige Ort, wo die Aufgabe von einer Frau übernommen wurde. Elin Salvesen führt durch das Zentrum und das Rathaus namens »Husan« (jeweils Mo–Sa um 12 Uhr mittags). Die Teilnahme ist gratis, aber man sollte sich online einen Platz sichern.
www.farsund.kommune.no/vekteren-i-farsund

HOTELTIPP

Das Farsund Fjordhotel liegt direkt am Wasser. Alle 54 Gästezimmer haben einen eigenen Balkon mit Wasserblick. Außerdem gibt es ansprechend gestaltete Außenbereiche mit Terrassen, Garten und Steg ins Wasser.
www.farsundfjordhotel.no

Das beschauliche Farsund ist für seine Piratengeschichte bekannt: Im 19. Jahrhundert mussten die Einheimischen einfallende britische Schiffe abwehren.

30

MEERESNATIONALPARK RAET

SOMMERFRISCHE HOCH DREI

Von den 607 Quadratkilometern des Raet-Nationalparks liegen nur acht über Wasser – ein reichliches Prozent. Kein Wunder also, dass die meisten Besucher im Sommer kommen: Paddelnd, badend und Boot fahrend genießt man hier den maritimen Charme einer authentischen südnorwegischen Inselgruppe.

Der Raet-Nationalpark in der Provinz Agder war 2016 der erste Nationalpark im südnorwegischen Landesteil Sørlandet. Er wurde gegründet, um das Naturgebiet zu schützen, das sich von den Valøyene-Inseln vor Grimstad entlang des gesamten, etwa hundert Kilometer langen Küstenstreifens über Arendal bis zum Inseldorf Lyngør in der Gemeinde Tvedestrand erstreckt. Seitdem machen die drei Gemeinden gemeinsame Sache, um wasserliebenden Urlaubern den Zugang zur Natur zu erleichtern: Jedes hat ein Besucherzentrum mit praktischen und historischen Informationen.

Das östlichste Besucherzentrum ist im Kulturhaus von Gjeving (Lyngørfjorden Kystkultursenter) untergebracht. Dieses ist im Stil einer Werft gebaut und sticht mit seiner roten Farbe heraus. Es beherbergt außerdem ein Schifffahrtsmuseum (Sjøfartsmuseet Lingard Skuteminne) mit Modellen, Karten und allerlei nautischen Hilfsmitteln von der Wikingerzeit bis in die 1960er-Jahre. Anhand der Gegenstände wird die Geschichte der Seefahrer zu Kriegs- und Friedenszeiten erzählt. Obwohl die Ausstellung auf einer Privatsammlung beruht, kann sie mit vergleichbaren Museen wie dem Maritimen Museum in Oslo und dem Marinemuseum von Horten (südlich von Oslo) mithalten.

Ein weiteres Besucherzentrum liegt in Arendal, und zwar im südnorwegischen Wissenschaftsmuseum (Vitensenteret Sørlandet). Dort finden Besucher Informationen, Broschüren und Karten zum Nationalpark. Die Ausstellung skizziert die Entwicklung der Landschaft von der Eiszeit bis in die Gegenwart. Über die Tierwelt informieren Filme und ein Aquarium.

Das dritte Besucherzentrum liegt in Grimstad, und zwar im Norwegischen Gartenbaumuseum (s. Tipp). Hier steht die Endmoräne Raet im Mittelpunkt, die sich durch das gesamte Parkgebiet zieht und nach welcher der Nationalpark benannt ist.

Von Gletschern mitgezogen

Wer sich jetzt am Kopf kratzt, weil die Geografiestunde zur glazialen Serie schon ein wenig zurückliegt, erhält hier eine Auffrischung: Bei End- oder Stirnmoränen handelt es sich um wallartige Aufschüttungen aus Kies und Steinen, die sich bewegende Gletscher während der letzten Eiszeit vor sich hergeschoben haben und die dort liegen geblieben sind, wo das Eis – vor rund 12.000 Jahren – zum Stillstand gekommen und abgeschmolzen ist.

→ Felsig und doch malerisch zeigt sich die Küste auf der Insel Hisøy vor Arendal.

← Im Nationalpark Raet tummeln sich Vögel von allerlei Arten, darunter die graue Mönchsgrasmücke *(Sylvia atricapilla)*.
↘ Die kiefernreiche Insel Tromøya wird von der Morgensonne beschienen.

Große Endmoränen finden sich um ganz Skandinavien herum, da das ganze Gebiet während der Eiszeit von einem Gletscher bedeckt war, der am Ende dieser Ära gewandert ist. So besteht auch die Landschaft im Nationalpark Raet aus mehreren solchen Moränen, die aber größtenteils von Wasser bedeckt sind. Nur an wenigen Stellen haben die Eismassen derartig hohe Wälle aufgeschoben, dass deren Rücken als Inseln durch die Wasseroberfläche brechen.

Eine davon ist das Eiland Målen, die Spitze der Endmoräne Raet. Sie ist 130 Meter lang und besteht ausschließlich aus losen Kieseln. Wer dort (vorsichtig!) spazieren geht, dem liegt buchstäblich eine abertausendjährige Geschichte zu Füßen. Die Insel liegt zwei Kilometer vor der Küste und ist nur mit eigenem (Paddel-)Boot zu erreichen. Aber Achtung: Die Stelle gilt als Schiffsfriedhof, weil drum herum schon einige Wasserfahrzeuge gesunken sind.

Der Meeresboden im Nationalpark ist abwechselnd sandig und felsig. Die Unterwasserlandschaft mit ihrer Vegetation aus Tang und Seegras bietet einen Lebensraum für zahlreiche Fischarten und Wirbellose. Wer beim Tauchen und Schnorcheln genau hinsieht, kann Seesterne, Anemonen und Krebse entdecken.

Nasses Vergnügen

Als Meeresnationalpark eignet sich Raet für allerlei Aktivitäten im und auf dem Wasser. Durch die lange Ausdehnung über hundert Kilometer und den Anschluss an drei Gemeinden und zahlreiche Siedlungen in Küstennähe gibt es viele Betriebe, die Übernachtungsmöglichkeiten anbieten, Bootstouren veranstalten und/oder Ausrüstung für Abenteuer auf eigene Faust vermieten. Zur Auswahl stehen Paddeltouren, rasante Fahrten im RIB-Boot und Windsurfen.

Es verkehren auch mehrere Fähren, etwa von Arendal auf die Insel Merdø und von Gjeving auf die Insel Lyngør. Und das »Badeboot« *Østerøy* steuert von Grimstad aus mehrere idyllische Stellen in der vorgelagerten Inselgruppe an. Wer die Inselwelt lieber ganz unabhängig erkunden möchte, nimmt sich ein motorbetriebenes Dingi mit Platz für bis zu sechs Personen (erhältlich beispielsweise bei der Touristeninformation von Grimstad von Mai bis September), für das man keinen Bootsschein braucht.

Vogelfreundliches Delta

Zum Park gehören die beiden großen Inseln Tromøya und Flosta sowie zahlreiche kleinere Inseln und Schären und außerdem die Inselgruppe Valøyene bei Grimstad. Über Wasser – auf Inseln und an der Küste – besteht die Landschaft aber nicht nur aus Geröll, sondern es gibt auch mehrere Sandstrände. Zu den besten Badeplätzen gehören Spornes strand, Merdø strand und Stølsviga auf der Insel Hisøy sowie jene im Naherholungsgebiet Hasseltangen und um die Landzunge Hoveodden auf der Insel Tromøy.

Im Gebiet des Nationalparks mündet außerdem der Fluss Nidelva in den Skagerrak. Das Brackwasser im Delta bietet einen Lebensraum für zahlreiche Vogelarten, sowohl Zug- als auch heimische Vögel. Im Park sind unter anderem die Arten Fitis, Waldlaubsänger und Mönchsgrasmücke vertreten. Außerdem hat man ganze 1530 Schmetterlingsarten gezählt, darunter rund 170 bedrohte.

In den Heiden und Wiesen an der Küste gibt es viele seltene Pflanzen, die zum Ausweisen des Gebiets als Nationalpark beigetragen haben. Dort wachsen etwa der Gelbe Hornmohn, das Strand-Tausendgüldenkraut und die Kassuben-Wicke. Bäume findet man kaum, aber immerhin ist bei Hasseltangen ein kleiner Teil des Parks mit einem Buchenwald bedeckt.

INFO

NORWEGISCHES GARTENBAUMUSEUM

In Grimstad – etwa 30 Kilometer vom Nationalpark entfernt – befindet sich das einzige Gartenbaumuseum Norwegens (Norsk Hagebruksmuseum). Schon die Umgebung des Dømmesnmoenparks stimmt die Besucher auf ein grünes Wunder ein. Die Ausstellungen illustrieren die Geschichte des Gartenbaus im Land der Fjorde; außerdem geht es um das komplexe Zusammenspiel der Natur. Es wird sogar auf Weinanbau in der Region eingegangen. Mit seinem beliebten Thema, dem gut sortierten Shop und einem Café, das die besten Waffeln der Stadt servieren soll, ist das Museum ein lohnendes Ausflugsziel.
www.gbm.no

IBSEN-MUSEUM

Als Teenager zog Henrik Ibsen (1828–1906) von seiner Heimat Skien nach Grimstad, um eine Apothekerlehre zu machen. Schon zehn Jahre nach seinem Tod wurde dort, wo er arbeitete und sein erstes Stück »Catalina« schrieb, Norwegens erstes Museum über den Nationaldichter eröffnet.
www.gbm.no/ibsenmuseet

In Grimstad befindet sich ein Museum über den norwegischen Nationaldichter Henrik Ibsen, das sich vor allem seinen frühen Jahren und Werken widmet.

31

RYFYLKEHEIANE

BERGWELT IM HINTERLAND

An der Grenze zwischen den Landesteilen Süd- und Westnorwegen liegen die beiden Naturschutzgebiete Setesdal Vesthei und Ryfylkeheiane nah beieinander. In dieser bergigen Landschaft ist Europas südlichste wilde Rentierherde beheimatet.

Ryfylkeheiane, die Hochgebirgsregion von Rogaland, erstreckt sich zwischen den Setesdalsheiene im Osten und den Ryfylkefjorden im Westen. Die Grenze zu den Setesdalsheiene ist nicht streng definiert, weswegen die Gebiete oft als eine Einheit betrachtet werden. Ausläufer des Boknafjords schneiden tief in die Region ein, darunter der Lysefjord im Süden, der Jøsenfjord in den zentralen Regionen sowie der Saudafjord und der Hylsfjord im Norden. Ryfylkeheiane verfügt über ein gut ausgebautes Wanderwegenetz sowie zahlreiche Schutzhütten, die vom Wanderverein Stavanger Turistforening betrieben werden.

Das Landschaftsschutzgebiet, das Ryfylkeheiane sowie Setesdal Vesthei umfasst, wurde eingerichtet, um ein zusammenhängendes Berggebiet mit seinen charakteristischen Wäldern und Mooren zu schützen. Zur Fauna gehören einerseits die Kühe, die im Sommer grasen, und andererseits die Rentiere, die Europas südlichste wilde Herde ihrer Art ausmachen. Wahrscheinlich kommen Rentiere in der Region seit etwa 8000 Jahren vor. Überreste von Steinzeitsiedlungen und prähistorischen Fallen berichten davon, dass die Vorfahren der heutigen Bewohner (neben Fisch) von Rentieren gelebt haben müssen.

Zweigeteilte Topografie

Die Topografie dieser Region zeigt steigende Höhenwerte nach Norden hin. Der höchste Gipfel ist der 1658 Meter hohe Vassdalsegga an der Grenze zwischen den Provinzen Rogaland und Vestfold og Telemark, gefolgt vom Kistenuten (1648 Meter) am Dreiprovinzeneck mit Vestland. In Suldal und Sauda erreichen die Berge ebenfalls Höhen von über 1600 Metern, darunter der Snønuten (1604 Meter), der Kyrkjenuten (1602 Meter) und der 1616 Meter hohe Breifonn mit Norwegens südlichstem Gletscher. Diese Gipfel bestehen aus harten Gesteinsarten einer Überschiebung: Sie haben sich auf kambrosilurischen Phyllit geschoben, der wiederum auf dem Grundgebirge ruht.

Im Norden sind die Berge markanter, während die Topografie in den zentralen und südlichen Regionen etwas gleichmäßiger wird. Dort sind die Erhebungen auch deutlich niedriger, aber es gibt immer noch viele Kuppen, Seen und Moore. In Hjelmeland in der zentralen Region von Ryfylkeheiane erreicht der Stora Blåfjell »nur« 1254 Meter. Ganz im Süden ist der Lysekammen mit 1304 Metern der höchste Punkt. Dort besteht der Untergrund aus Grundgestein.

INFO

ÜBERNACHTUNGSMÖGLICHKEITEN
Der norwegische Wanderverein DNT hat die Region gut erschlossen, sodass man seine Erkundungstour von einer sicheren Übernachtungsmöglichkeit aus starten kann. Gerne gebucht wird das Dreisterne-Wanderhotel Haukeliseter – Norwegens größte Herberge für Naturenthusiasten. Die einfachen Schutzhütten ohne Servicepersonal werden separat gelistet. Die meisten haben zwischen 20 und 30 Betten. www.haukeliseter.no, www.stf.no/selvbetjente-hytter

DER WASSERFALL DORGEFOSSEN
Zwischen Omlid und Handeland rauscht der Dorgefoss in die Tiefe. Eine Legende aus der Gemeinde Sirdal besagt, dass zum Tode Verurteilte eine letzte Chance erhielten, indem sie an einer bestimmten Stelle über den Wasserfall springen konnten. Wem es gelang, der war frei – ansonsten vollstreckte die Natur das Todesurteil.

← Der See Beinskjervatnet in Lyngsheia, einem beliebten Wandergebiet in der Provinz Ryfylke. Über die Straße Fv661 kommt man nah heran.
↑ Eine Wassermühle am Fluss Hauskeåna. Hier, nahe Hjelmeland, befindet man sich an der Küste.

32

HOVDEN

SKIGEBIET IM TIEFEN SÜDEN

Hovden gehört zu Norwegens schneesichersten Skigebieten. Der erste Sessellift auf den Gipfel von Nos wurde bereits 1968 gebaut. Seitdem ist Hovden eine der größten und modernsten Anlagen des Landes. Es gibt Pisten und Loipen für alle Altersgruppen und Könnerstufen – vom kleinsten Anfänger bis hin zum professionellen Snowboarder.

Das Skigebiet Hovden (Hovden Alpinsenter) ist das größte Skigebiet im Landesteil Sørlandet und schneidet auch im norwegenweiten Vergleich gut ab. Obwohl Trysil mit 32 Liften und 69 Pisten mit insgesamt 81 Kilometern der unangefochtene Spitzenreiter ist und bleibt, kann Hovden ebenfalls ein beachtliches Angebot vorweisen: Das Resort wartet mit 34 Pisten sowie insgesamt acht Ski- und Sessellifiten auf. Die Gesamtlänge der Pisten kommt auf 42,5 Kilometer und der maximale Höhenunterschied beträgt 420 Meter.

Das Pistennetz erstreckt sich über drei Teilbereiche: die Gebiete rund um die Gipfel Hovdenuten (1119 Meter) und Storenos (kurz Nos, 1183 Meter) sowie Breivesiden mit langen roten Pisten hin zum See Breive. Die Liftkapazität schafft über 9000 Personen pro Stunde, sodass Besucher selbst an beliebten Wochenenden nicht lange anstehen müssen. Geöffnet ist vom ersten Schnee im November bis Mitte April.

Zusätzlich gibt es zwei Skicross-Strecken und einen Terrainpark, der zu den landesweit besten Adressen für Snowboarding- und Freeskiing-Enthusiasten gehört. Die 1250 Meter lange Anlage mit Elementen zu verschiedenen Schwierigkeitsgraden ist in zwei Bereiche – Anfänger und Fortgeschrittene – geteilt. Man kann den Park auf mehreren »Routen« befahren, sodass immer wieder ein abwechslungsreiches Erlebnis geboten wird.

Familien können sich aufs Kinderland namens »Tusseland« verlassen: Dort gibt es neben zwei Skiliften auch ein Förderband für die Kleinsten, die zum ersten Mal auf Skiern stehen. Wer schon mehr Erfahrung mitbringt und sich eine längere Strecke zutraut, kann mit dem Sessellift zur Spitze hinauffahren und über Kinderpisten ins Tusseland hinuntergleiten.

Aktiv auch im Sommer

Wenn der Schnee um Ostern taut, klappt Hovden aber nicht die Bürgersteige hoch: In der warmen Jahreshälfte zieht das Gebiet Wanderer und Mountainbiker an. Empfehlenswert ist vor allem der Mai, wenn es dort noch ruhig ist, denn schon ab Mitte/Ende Juni startet die Saison mit zahlreichen Outdoor-Aktivitäten sowie kulturellen Veranstaltungen wie Konzerten und Ausstellungen.

Bis weit in den Herbst hinein zeigt sich Hovden als echtes Wanderparadies. Von kurzen, familienfreundlichen Spaziergängen bis hin zu anspruchsvollen Bergtouren ist für jeden Geschmack etwas dabei. Und wer das Abenteuer auf zwei Rädern sucht, kann den »Original Trail« ansteuern: Dieser drei Kilometer lange Pfad für Downhill-Biker wartet mit technischen Elementen und Partien zum freien Rollen auf.

← Loipen und Pisten gibt es auch in Südnorwegen: Das Skigebiet Hovden ist in diesem Landesteil das größte.
↓ Der lachsreiche See Hartevatnet liegt am Fluss Otra, der das Setesdal durchfließt.

INFO

HOTEL UND RESTAURANT HOVDEN FJELLSTOGE
Etwas abseits vom Skitreiben liegt dieses gemütliche Viersternehotel mit hochwertigem Restaurant. Dort ist man richtig, wenn man regionstypische Gerichte wie Waldpilzsuppe, Wildburger und Hirschfilet genießen möchte.
www.hovdenfjellstoge.no, www.visithovden.com

ANGELN AM HARTEVATNET
Unmittelbar südlich vom Ort Hovden durchfließt die Otra – der stärkste Fluss Südnorwegens – den See Hartevatnet. Dort kann man auch als Urlauber die Angel auswerfen: Im Fluss wird Lachszucht betrieben, es kommen aber auch Forellen, Elritze und Bleken vor.

Im Fischerdorf Flatanger leuchten die Hütten in der Morgendämmerung.

MITTEL-NORWEGEN

Im Landesteil Trøndelag ist der geografische Mittelpunkt Norwegens zu finden. Rund um Trondheim gibt es sehenswerte Nationalparks und Inseln.

33

TRONDHEIMFJORD

HIMMLISCHE LANDSCHAFTEN IN NORWEGENS MITTE

Trondheim ist Norwegens drittgrößte Gemeinde und liegt idyllisch am ebenfalls drittlängsten Fjord des Landes. In diesem Gebiet sind zwei der nördlichsten Klöster der Welt zu finden, deren Bewohner abgeschieden im Einklang mit der Natur leben.

Mit 130 Kilometern ist der Trondheimfjord der drittlängste Fjord Norwegens. Zusammen mit seinen über 20 Armen und Ausläufern durchzieht er ein beachtliches Gebiet an der Westküste von Mittelnorwegen. Ausgehend von Trondheim, kann man dort einige sehenswerte Ecken zu Land und zu Wasser erkunden. Darunter sind zwei zeitgenössische Klöster, die sich in die raue Landschaft einfügen.

Am östlichen Ende befindet sich Tautra, eine der größten Inseln des Trondheimfjords. Das Eiland, das man über einen langen, schmalen Damm erreicht, ist als abgelegener Klosterstandort bekannt. Außerdem ist Tautra ein Vogelschutzgebiet, in dem unter anderem Meeresvögel und Eiderenten nisten.

Zeitgenössisches Kloster

1999 wurde ein neues Trappistinnenkloster errichtet, das als Tautra Mariakloster bekannt ist. Etwa ein Dutzend Nonnen leben in diesem Konvent, der aus einer US-amerikanischen Abtei hervorgegangen ist. Besucher haben die Möglichkeit, in der Klosterkirche an den Gottesdiensten und Gebetszeiten teilzunehmen. Diese finden zwischen 4 Uhr morgens und 8 Uhr abends siebenmal statt. Dazwischen ist das Gotteshaus für private Gebete geöffnet.

Beim Betreten des kleinen Kirchenraums wird man von der Architektur überwältigt, die auf subtile Weise mit der umgebenden Landschaft interagiert. Wenn die Sonne durch die durchlöcherte Holzdecke fällt, entsteht ein Lichtspiel, das den ganzen Raum erfüllt. Und hinter dem Altar gibt eine verglaste Front den Blick auf den Fjord frei. Dieser wahrhaft himmlische Rahmen für Messen und Andachten ist auch in der Architekturszene bekannt: Der von Jan Olav Jensen (geb. 1959) entworfene Gebäudekomplex wurde nach der Einweihung 2006 mit mehreren Preisen bedacht.

Etwa 50 Kilometer weiter nordöstlich – auf dem Festland nahe Levanger – finden sich die Ruinen des noch älteren Zisterzienserklosters Munkeby: Es wurde vermutlich zwischen 1150 und 1180 gegründet und war damals das nördlichste Zisterzienserkloster der Welt. 1207 waren die Mönche nach Tautra übersiedelt, 1567 brannten die Gebäude ab. Als das Kloster Cîteaux – das »Mutterkloster« aller Zisterzienser – im Jahr 2007 beschloss, ein neues Kloster in Munkeby zu gründen, war das die erste Neugründung in fünf (!) Jahrhunderten.

← Schon 1207 entstand eine Zisterzienserabtei, die bis zur Reformation aktiv war. Heute sind von dem mittelalterlichen Bau nur noch Ruinen übrig.
↓ Die lichtdurchflutete Kirche mit Blick auf den Fjord ist auch Tagesbesuchern zugänglich.

INFO

ZU BESUCH BEI DEN NONNEN
Die Nonnen von Tautra empfangen Gläubige und Sinnsucher, die bei einem Retreat neue Kraft schöpfen möchten. Wer nur einen Tagesausflug plant, kann neben der Kirche auch das Besucherzentrum aufsuchen. Dort gibt es Informationen zum Leben im Kloster, und es werden Seifen und andere Produkte aus eigener Herstellung angeboten.
www.tautra.org/guesthouse

LÄNDLICHE IDYLLE IN MUNKEBY
Zwischen den Ruinen von Munkeby und dem neuen, kleinen Kloster liegt ein Gästehaus namens Munkeby Herberge. Dabei handelt es sich um einen regionstypischen Vierkanthof, der nicht von Mönchen, sondern von einem Laienpaar betrieben wird. Neben fünf Zimmern gibt es Brot aus der eigenen Bäckerei.
www.munkeby-herberge.no

34

BYMARKA

WO STADT AUF NATUR TRIFFT

Westlich von Trondheim macht das Waldgebiet Bymarka dem urbanen Trubel ein abruptes Ende. Dort – auf der Bynes-Halbinsel – warten gut 80 Quadratkilometer Natur zum Wandern, Zelten und Angeln.

Mit 80 Quadratkilometern ist die Bymarka Trondheims größtes und beliebtestes Naherholungsgebiet. Eine bekannte Grenze zwischen dem Stadtteil Byåsen und dem »Stadtwald« ist der üppig grüne Flusslauf der Ilelva. Die Einheimischen sprechen vom »blau-grünen Korridor Ilabekken«. Der Wanderweg beginnt in der Nähe des Stadtzentrums im Ilapark, führt durch das Iladalen-Tal und endet am beliebten Badesee Theisendammen. Dieser ist einer von 25 Seen und Gewässern in der Bymarka. Sie bieten nicht nur Forellen einen Lebensraum, sondern auch vielen Vogelarten.

Vier »marka«nte Teilgebiete

Das Gebiet ist überwiegend bewaldet, weist aber auch kahle Berge auf. Insgesamt gibt es zwölf Berge mit Höhen von 400 Metern und mehr. Die zwei höchsten Erhebungen sind der Gråkallen (552 Meter) und der Storheia (537 Meter). Gemeinhin wird die Bymarka in vier Gebiete unterteilt. Der mittlere Bereich, der unmittelbar westlich der Stadt liegt, wird Trondheim bymark (oder kurz Trondheimsmarka) genannt. Durch dieses Viertel ziehen sich zahlreiche markierte Wege. Die anderen drei Teile sind weniger erschlossen, haben aber ebenfalls einige Wanderwege. Im Norden liegt die Trollamarka, im Westen die Bynesmarka und im Süden die Leinstrandmarka. Insgesamt verfügt die Bymarka über mehrere Dutzend Kilometer präparierter Skiloipen und zwei Skianlagen: das Skistadion Granåsen und die Pisten auf dem Gråkallen.

Junges Naturschutzgebiet

2005 wurden knapp zwölf Quadratkilometer der nördlichen Bymarka unter Naturschutz gestellt. Das längliche Naturschutzgebiet, das wie ein schmaler Streifen in die Halbinsel einschneidet, liegt westlich der Berge Gråkallen und Skjellbreia und erstreckt sich von Sæteråsen und Storheia im Süden und Westen bis nach Digermulen am Trondheimsfjord im Norden. Es ist durch verschiedene Arten von Fichtenwäldern geprägt, darunter Bergwälder und Mittelgebirge. Außerdem findet man frühere Kahlschläge und Beweidungen.

Ein Grund für die Einrichtung des Naturschutzgebiets Bymarka sind die dort lebenden Tiere. Auch wenn man sie nicht oft sieht, sind sie zahlreich und hinterlassen überall Spuren. Elche, Rotfüchse, Hasen und Eichhörnchen kommen am häufigsten vor, aber es gibt auch gesunde Populationen von Rehen, Bibern, Dachsen sowie ein paar Otter. Innerhalb des Schutzgebiets darf nicht gejagt werden. Und 2006 wurde sogar ein Vielfraß nachgewiesen, was selten vorkommt, da sich dieses Raubtier eher in den höheren Bergen, fernab von Städten aufhält.

INFO

DAS FREILICHTMUSEUM SVERRESBORG
Nur 700 Meter vom See Theisendammen entfernt liegt das Freilichtmuseum Sverresborg (Sverresborg Trøndelag Folkemuseum). Dort sind rund 80 historische Gebäude aus zahlreichen Epochen zu sehen. Die Ausstellung ist nach *by*, *bygd* und *borg* unterteilt – also nach »Stadt«, »Land« und »Burg«. Benannt wurde das Museum nach der Mittelalterburg des Königs Sverre, von der heute nur noch Ruinen übrig sind.
www.sverresborg.no

DER NIDAROSDOM
Trondheims imposanter Dom gilt als Nationalheiligtum. Der Bau begann 1090 als Steinkirche und erhielt seine jetzige Form – eine Kathedrale nach westeuropäischem Vorbild – im Mittelalter. Hinter dem Altar befindet sich der Schrein von Olaf dem Heiligen. Der Dom ist ein wichtiges Pilgerziel in Skandinavien.
www.nidarosdomen.no

← Wo sich die Straßen Møllebakken und Benneches vei kreuzen, gibt es einen fotogenen Wasserfall, an dem eine Holztreppe vorbeiführt.
↑ Im Freilichtmuseum gibt es einen Krämerladen mit einer sogenannten Kolonialwarenhändlerin.

35

ARCHIPEL HITRA-FRØYA

SÜMPFE, HIRSCHE UND ANGELGEWÄSSER

Im Süden von Trøndelag, an der Grenze zum Landesteil Westnorwegen, liegen die Inseln Hitra und Frøya vor der Küste. Ihre Landschaft ist stark vom Meer und den dort herrschenden Naturgewalten gekennzeichnet. Dennoch findet man eine überraschende Vielfalt an Vegetation und Tierarten vor.

Mit 571,5 Quadratkilometern ist Hitra Norwegens siebtgrößte Insel südlich von Spitzbergen. Die exponierte Lage vor Norwegens Westküste hat mit der Zeit eine charakteristische Landschaft hervorgebracht. Hitras Küsten sind – abgesehen von der dem Festland zugewandten Ostseite – mit Kiefernwäldern, bergigem Terrain und weitläufigen Sümpfen umgeben. In dieser Umgebung fühlt sich unter anderem das Gefleckte Knabenkraut wohl, das Tausende Male vorkommt. Deswegen wurde diese Pflanzenart aus der Familie der Orchideen im Jahr 1999 zur Symbolblume der Gemeinde Hitra ernannt.

Das Landesinnere der Insel birgt das weitläufige Naturschutzgebiet Havmyran (»Meeressumpf«) mit 40 Quadratkilometer Sumpfgebiet. Wer dieses erkunden möchte, sollte sich mit Kompass und Karte ausstatten: Es sind kaum Pfade markiert. Seit 2002 genießt Havmyran aufgrund seiner Bedeutung für Zugvögel den Status eines Schutzgebiets laut der Ramsar-Konvention über Feuchtgebiete von internationaler Bedeutung. Die Insel ist auch für das reiche Vorkommen an Rothirschen bekannt. Ihre Dichte soll dort höher sein als sonst in ganz Nordeuropa. Außerdem gibt es auf Hitra rund 7000 Seen und kleine Bergseen, von denen 1000 reiche Bestände an Saibling und Forelle enthalten. Und im Fluss Lakselva, der südlich an Fillan vorbeifließt, tummelt sich eine eigene Lachsart mit besonders schlanken Fischen.

Im Gegensatz zur recht waldreichen Insel Hitra zeigt sich die Nachbarinsel Frøya als zerklüftetes baumloses Mosaik aus Sümpfen, Felsen und Wasser. Es dominieren Hochmoore mit Heidekraut, Sumpfrosmarin und die Moor-Glockenheide.

Museum und Erreichbarkeit

Im Nordosten vor Hitra, im Ort Fillan, befindet sich das informative Küstenmuseum (Kystmuseet i Sør-Trøndelag). Es beleuchtet die Eigenheiten des Lebens auf der Insel. Die Ausstellung »Die Leute in Flatvika« beschäftigt sich mit dem Alltag einer Familie auf einem Küstenbauernhof um 1920. Und »Der Untergang der Jedinorog« war eine dramatische Episode im Jahr 1760: Damals wurde ein Schiff der russischen Marine vom eisigen Wind in den Ramsøyfjord getrieben. Seitdem ranken sich viele Mythen um das Schiff und seine Besatzung, die zur Gänze untergegangen sein soll.

Der Name Hitra geht auf das altnorwegische *hitr* bzw. *hitrar* zurück, was »vom Festland abgetrennt« bedeutet. Das stimmt so nicht mehr, seitdem 1994 der Hitratunnel eröffnet wurde. Der 5645 Meter lange einröhrige Untersee-Straßentunnel verbindet Hitra mit dem Festland. Zudem kommt man über den etwas kürzeren Frøyatunnel und mehrere Brücken innerhalb der Inselgruppe gut vorwärts. Insgesamt zählt der Archipel fast 2500 Inseln und Schären.

← Dieser beschauliche See befindet sich auf der Insel Hitra. Ihr Name bedeutet übrigens sinngemäß »vom Festland abgetrennt«.
↓ So sieht es aus, wenn Kabeljau in Norwegen zum Trocknen aufgehängt wird.

INFO

HOTEL HJORTEN

Wer auf Hitra übernachten möchte, ist im Hotel Hirsch in Oldervika (850 Meter vom Küstenmuseum) gut aufgehoben. Neben gemütlichen Gästezimmern hat es ein Restaurant namens Havmyran, das für seine regionale Küche bekannt ist. Ob Fischeintopf, Hirschsteak oder Klippfisch: Die Speisekarte verspricht eine kulinarische Begegnung mit Hitra.
www.hjortenhotell.no

TIEFSEEANGELN VOR FRØYA

Die Insel Frøya gilt unter Kennern als Hotspot zum Tiefseeangeln. Die Nähe zum Golfstrom sorgt für Dutzende Quadratkilometer fischreicher Gebiete zwischen Inseln und Schären. Einer der Anbieter heißt Frøya Havfiskecamp.
www.storfisk.no

36

NORWEGENS GEOGRAFISCHER MITTELPUNKT

IRGENDWO IM NIRGENDWO

Laut Berechnungen der norwegischen Kartografie- und Katasterbehörde liegt der geografische Mittelpunkt des Landes im Naturschutzgebiet Skjækra, gut hundert Kilometer Luftlinie nordöstlich von Trondheim. Eine Wanderung durch Moorgebiet führt genau zu dieser Stelle.

Seit dem Jahr 2006 wissen wir es: Norwegens geografischer Mittelpunkt liegt in einer Moorlandschaft der Gemeinde Steinkjer. Nach Berechnungen der nationalen Kartografie- und Katasterbehörde (Kartverket) gelten die Koordinaten 63°59"26' N, 12°18"28' E offiziell als sogenannter geometrischer Schwerpunkt (auf Norwegisch *arealtyngdepunkt*) des Landes. Er liegt südlich vom Nationalpark Blåfjella-Skjækerfjella, und zwar im Landschaftsschutzgebiet Skjækra (Skjækra landskapsvernområde). Dieses zeichnet sich durch Bergwälder hin zum Skjækerfjella, Bachtäler und eine charakteristische Vegetation am Südhang in Richtung Grønlihø aus. Der Schutz der Landschaft ist besonders für die in der Nähe lebenden Samen wichtig: Er garantiert ihnen, dass das Gebiet für die Rentierhaltung nutzbar ist.

Norwegens geografischer Mittelpunkt wird von einem Monument markiert. Der Wanderweg dorthin beträgt zehn Kilometer (in eine Richtung) und führt durch mooriges Gelände über einen schmalen Holzsteg. Auf halber Strecke liegt ein Picknickplatz zum Ausruhen, bei einem See in der Nähe gibt es eine Übernachtungsmöglichkeit (DNT Setertjønnhytta). Um den Wanderparkplatz zu erreichen, folgt man der Autobahn E6 bis nach Steinkjer. Dort wird auf die Straße 762 gewechselt, die durch eine einsame Waldlandschaft verläuft. Nach einer Dreiviertelstunde erreicht man den Parkplatz mit den Koordinaten 64° 00' 16,8"N, 12° 09' 21,5"E.

Mehrere Plätze »im Mittelpunkt«

Bei den Berechnungen suchte Kartverket nach einem Gleichgewichts-Schwerpunkt zwischen dem norwegischen Festland und seinen Inseln. Dabei wurden jedoch das Meeresgebiet, die Überseegebiete von Spitzbergen und Jan Mayen sowie die Höhenlage ausgelassen. Der zuständige Vermesser Harald Stavestrand hatte anfangs befürchtet, Norwegens Mittelpunkt aufgrund der geschwungenen Form des Landes in Schweden zu finden, landete letztendlich aber doch noch innerhalb der Grenzen Norwegens, wenn auch knapp … Die Koordinaten befinden sich nur etwa 20 Kilometer Luftlinie vom Nachbarland entfernt.

Zuvor hatten mehrere andere Orte versucht, sich diesen Titel zu eigen zu machen und wortwörtlich »im Mittelpunkt zu stehen«: Brønnøysund nennt sich »Küstenort mitten in Norwegen«, weil es von dort aus jeweils 840 Kilometer zum Nordkap und nach Lindesnes im Süden sind. Auch Mosjøen schmückt sich mit dieser Auszeichnung.

INFO

PHÖNIX AUS DER ASCHE: STEINKJER

Die Stadt mit rund 13.000 Einwohnern liegt nicht nur an der Autobahn E6, sondern auch an der Eisenbahnstrecke Nordlandsbanen. Von dort stammte unter anderem der Polarforscher Otto Sverdrup (1854–1930). Bei einem Stadtbrand im Jahr 1900 verschwand ein Großteil der Holzarchitektur, und der Wiederaufbau erfolgte (ähnlich wie in Ålesund) im Jugendstil. Allerdings ist auch davon nicht mehr viel übrig, weil die Stadt 1940 einem Bombenangriff zum Opfer fiel, der 80 Prozent der Stadt zerstörte. Steinkjer bezeichnet sich selbst als *gjenreisningsby*, zu Deutsch etwa »Wiederaufbaustadt«.
www.visitinnherred.com/opplev-steinkjer

GOTTESHAUS DER MODERNE

Heute zeichnet sich das Stadtbild von Steinkjer durch einheitliche Bebauung im funktionalistischen Stil aus. Ein Gebäude, das ins Auge fällt, ist die 1965 errichtete Kirche (Steinkjer kirke) mit Glaskunst des Modernismus-Meisters Jakob Weidemann (1923–2001).
www.kirken.no

← Der geografische Mittelpunkt von Norwegen wird seit 2006 mit diesem Monument markiert. Man erreicht ihn zu Fuß durch Moorland.
↑ Die Kirche von Steinkjer: ein Gotteshaus mit weißer Fassade und frei stehendem Glockenturm

37

NATIONALPARK LIERNE

IM REICH DER BÄREN

Lierne im Osten Norwegens gehört mit seiner Fläche von 333 Quadratkilometern zwar zu den kleineren Nationalparks, weist aber eine artenreiche Tierwelt mit der größten Braunbärenpopulation des Landes auf. In der Mitte des Parks erhebt sich ein Gebirgszug mit alpiner Flora und Fauna.

Es war die norwegische Kronprinzessin Mette-Marit (geb. 1973), die am 26. Juni 2006 nicht nur den Nationalpark Lierne feierlich einweihte, sondern auch den benachbarten Nationalpark Blåfjella-Skjækerfjella (s. S. 142). Daran erinnert ein Gedenkstein mit ihrer Unterschrift, der sich als Wanderziel anbietet: Ein ausgeschilderter, etwa fünf Kilometer langer Weg dorthin beginnt und endet am Eingang Øvre Jakthytta am Fluss Muru. Der Startpunkt ist mit einer einfachen Schutzhütte, einem Feuerplatz und Informationstafeln ausgestattet.

Von dort führen noch weitere ausgewiesene Wege in den Park und zu einigen Angelplätzen. Abseits dieser Wege herrscht eine unerschlossene Wildnis mit spärlicher Vegetation vor. Die höchsten Berge sind der Hestkjøltoppen mit 1390 Metern und der Merrafjellet mit 1266 Metern. Beide liegen im Hochplateau Hestkjølplatået im Zentrum des Nationalparks.

Der Anlass zur Gründung des Nationalparks im Jahr 2004 war der Schutz des Gebirgszugs und seiner vierpfotigen Bewohner. Um die Berge herum ist das Gelände jedoch flach oder höchstens hügelig. Es besteht aus Löss und Moränen – vor allem Rogenmoränen, die eine unübersichtliche, mosaikartige Landschaft schaffen. Einige Wallberge, entstanden während der letzten Eiszeit vor 10.000 Jahren, ziehen sich durch das Gebiet. Einige Flüsse, darunter die Muru, sowie Bäche und Tümpel tragen ihr Übriges zu dieser zerklüfteten Landschaft bei.

In den tieferen Lagen gibt es Feuchtgebiete mit Grasland, Moore und Krummästige-Birkenwälder. Am Boden breiten sich mehrere Milchlattich-Arten aus. Dennoch bringt die Natur im Spätsommer viele Beeren und Pilze hervor. Außerdem bietet sie Tieren einen Lebensraum, die in Gebirgen heimisch sind: Luchs, Vielfraß, Polarfuchs und Bär finden hier viel Platz und leben ungestört. Lierne hat sogar die höchste Bärendichte des Landes. Zu den kleineren Säugetieren gehören Lemminge. Der reiche Fischbestand mit vielen Forellen macht den Park zu einem beliebten Angelziel. Zum Übernachten gibt es mehrere einfache Schutzhütten.

Deutlich vielfältiger als die Vegetation ist die Vogelwelt: Hier nisten unter anderem Stelzenläufer, Enten, Alpenstrandläufer, Mornellregenpfeifer, Falkenraubmöwen, Schneeeulen und Steinadler. Daneben kann man Odinshühnchen beobachten: Diese arktischen Schnepfenvögel zeichnen sich durch eine gräuliche Oberseite, einen

← Von wegen niedlicher Teddy: Der Braunbär *(Ursus arctos)* ist ein gefährliches Raubtier.

weißen Bauch sowie einen markanten orangefarbenen Fleck am Hals aus.

Der Nationalpark Lierne befindet sich an der Wasserscheide zwischen dem Europäischen Nordmeer und der Ostsee. Wie kann das sein, wenn der Park doch so weit im Hinterland von Norwegen liegt? Der Grenzverlauf bezieht sich nicht auf die Meeresgebiete an sich, sondern auf die zwei benachbarten Flusssysteme, über die das Wasser dorthin abfließt.

Im Osten grenzt der Park an Schweden. Im Nachbarland schließen weitere Naturschutzgebiete an, und gemeinsam mit diesen bildet Lierne ein weitläufiges Wald- und Berggebiet, in das die Menschen kaum eingegriffen haben.

Spuren früherer Zeiten und Bewohner

Auch im Westen schließt mit Blåfjella-Skjækerfjella gleich der nächste Nationalpark an. Die beiden wurden nicht nur gleichzeitig gegründet und eröffnet, sie teilen sich auch das 2006 eingeweihte Besucherzentrum in Sandvika, dem nächsten größeren Ort an der Straße 74. Bei freiem Eintritt zeigt es die Ausstellung »Von der Natur und mit Raubtieren leben« *(Å leve av naturen, å leve med rovdyr)*. Dort geht es um die Menschen, die früher zu verschiedenen Zeiten im heutigen Nationalpark gelebt haben. Im Park wurden nämlich Spuren aus der Bronzezeit gefunden, darunter Utensilien für die Jagd. Aus dem 6. Jahrhundert stammt außerdem ein Rennofen, mit dem die Menschen damals Eisen aus Eisenerz gewannen. Auch Spuren samischer Besiedlung hat man entdeckt, etwa Behausungen sowie Grab- und Kultstätten. Dabei handelt es sich um die Südsamen. Das Gebiet ist bis heute ein südsamisches Einzugsgebiet mit traditioneller Rentierhaltung. Auf Südsamisch heißt der Park *Lijre*.

Im Außenbereich des Besucherzentrums informiert der 2012 angelegte Geologiepark über die Entstehung der Landschaft über die Jahrtausende. Eine Besonderheit in Lierne ist das von der Eiszeit geformte Terrain, etwa der Löss, die Moränen und die Wallberge (auch Oser genannt). Bei den sogenannten Rogenmoränen liegt die größte Pflanzenvielfalt des Parks. Sie kommen in Norwegen nur an drei Stellen vor; eine davon ist Lierne.

Und aus dem grünen Grasland stechen hier und da rote Felskuppen hervor, die aus der Gesteinsart Serpentinit bestehen. Nach der markanten roten Farbe *(raud)* in der Landschaft wurden einige Berge im Park benannt, etwa der Fjellraudberget oder der Raudbergklumpen.

↖ Diese Insel mit rotem Holzhaus liegt im See Hetögeln in der schwedischen Provinz Jämtland.
← Aus Schweden kommend, wird man über die angrenzende norwegische Region informiert.
↗ Im Nationalpark Lierne, der 2006 eingerichtet wurde, findet man eine solche Torf- und Waldlandschaft vor.

INFO

BÄRENSAFARI IM NATIONALPARK
Das Nationalparkcenter von Lierne organisiert Bärensafaris und sogenannte Bärencamps. Die Teilnehmer machen sich dabei auf die Suche nach Spuren, die die Tiere hinterlassen haben. Außerdem können die Teilnehmer gelegentlich einen echten Bären entdecken.
en.visitnamdalen.com/experience-bears-in-lierne

ABSTECHER NACH SCHWEDEN
Keine fünf Kilometer hinter der schwedischen Grenze liegt der Ort Gäddede, der zur Gemeinde Strömsund gehört. Er befindet sich am Vildmarksvägen, Schwedens höchstgelegener Asphaltstraße. Sie bildet – zusammen mit dem kurzen Schotterabschnitt Björnvägen – einen 500 Kilometer langen Ring durch wilde Landschaften. Er führt unter anderem über das Stekenjokkplateau zwischen Lappland und Jämtland. Gäddede hat außerdem eine Touristeninformation und ist unter Anglern ein beliebtes Ausflugsziel.
www.stromsund.se

Wer eine Bärensafari des Nationalparkcenters mitmacht, begibt sich in Lierne auf Spurensuche.

Haben Sie schon einmal einen vereisten Sandstrand gesehen?
So eigenwillig zeigt sich die Küste der Insel Kvaløya im tiefsten Winter.

38

NATIONALPARK BLÅFJELLA-SKJÆKERFJELLA

BERGE UND BAUERNHÖFE

Der Nationalpark Blåfjella-Skjækerfjella ist sozusagen der Zwillingspark des Lierne-Nationalparks. Im Jahr 2004 wurden nämlich beide zusammen gegründet. Allerdings überragt er sein »Geschwisterchen« – mit 1924 Quadratkilometern ist er fast sechsmal so groß (Lierne misst 333 Quadratkilometer). Und schafft es damit auf Rang vier der Nationalparks in Norwegen.

Die beiden Hauptgründe für das Ausweisen des Gebiets als Nationalpark sind die schützenswerte charakteristische Berglandschaft und die urwaldartigen Wälder. Um den Park herum liegen fünf weitere Naturschutzgebiete. Zusammen mit den Nationalparks bilden sie eines der größten zusammenhängenden Wildnisareale in ganz Skandinavien. Der Park teilt sich ein Besucherzentrum mit Lierne (s. S. 137).

Im Süden, bei Skjækerhatten und Skjækerfjella, wechseln sich Berge bis 1100 Meter und Täler ab. Im Norden, bei Blåfjella, liegen die höchsten Berge – an deren Spitze der Midtiklumpen mit einer Höhe von 1333 Metern. In der Mitte des Parks befinden sich einige Bergbauernhöfe sowie die Seen Skjelbreien, Gjevsjøen und Holden. Auch Flüsse ziehen sich durch die vielfältige Landschaft, die von alpinen Gebirgen und urwaldartigen Wäldern sowie Laub- und Nadelwäldern, Wiesen, Mooren und Sumpfgebieten geprägt ist. In der Landschaft gibt es zudem Gletscher, (Seiten-)Moränen, Wasserfälle, Schneefelder und schroffe Klippen.

Von den vielen Wanderwegen durch das weitläufige Gebiet sind nur wenige ausgewiesen. Für die meisten Touren braucht man also Karte und Kompass. Zum Wandern eignen sich die Monate Juli bis September am besten. Im Winter kann man Ski fahren bzw. Skitouren machen. Dazu sind wiederum die Monate April und Mai am besten geeignet. Der Park ist auch ideal zum Angeln und Jagen. Es gibt drei öffentliche Selbstversorgerhütten: Skjækerdalshytta, Sætertjønnhytta und Bekkstuggu. Außerdem finden sich auf den Bergbauernhöfen weitere private Hütten für Besucher, die allerdings oft nur im Sommer nutzbar sind.

Flora und Fauna

Im Norden ist die Vegetation eher spärlich, im Süden hingegen üppig, weil dort die Böden fruchtbarer sind. Einige der Pflanzen im Park stehen auf der Roten Liste. Häufig vorkommende Arten sind Rosmarinheide, Moosbeere und Moorlilie (auch Beinbrech genannt, aber davon will man bei einer Wanderung lieber nichts wissen).

Hier leben etwa 30 Säugetierarten, vor allem Bären, Luchse, Polarfüchse und Vielfraße. Vogelbeobachter kommen im Nationalpark Blåfjella-Skjækerfjella durchaus auf ihre Kosten: Ein besonderer und seltener Vogel ist der Regenbrachvogel, außerdem lebt das Auerhuhn dort. Der Park bietet auch einen Lebensraum für verschiedene Raubvögel.

Im und um Blåfjella-Skjækerfjella herum leben außerdem einige Südsamen. Seit 500 Jahren haben sie das Gebiet besiedelt und für die Rentierhaltung genutzt, wozu sie noch immer das Recht haben. Auf Südsamisch heißt der Park *Låarte-Skæhkere*.

INFO

LANGE GESCHICHTE

Im Nationalpark Blåfjella-Skjækerfjella wurden Relikte aus der Jungsteinzeit gefunden: Siedlungen sowie Kult- und Grabstätten. Etwa bis zum Zweiten Weltkrieg wurde das Gebiet für Landwirtschaft und Viehzucht genutzt. Einige der ehemaligen landwirtschaftlichen Gebäude stehen noch und können besichtigt werden, etwa der Bauernhof namens Holden Fjellgård nahe der Grenze zu Schweden. Dort – am namensgebenden See Holden – gibt es auch Übernachtungsmöglichkeiten.
www.snasa.no/besok-oss/fjellgarder/holden-fjellgard

ROYALES AUTOGRAMM

Auch dieser Park hat einen Gedenkstein zur Gründung. Er ist unterschrieben von Kronprinzessin Mette Marit, die den Park eröffnet hat. Und wie in Lierne gibt es auch hier die rötlichen Gesteinskuppen aus der Gesteinsart Serpentinit.
www.norgesnasjonalparker.no

← Der Park schützt Lebensräume verschiedener Tier- und Pflanzenarten und ist bedeutsam für das Fortbestehen des (süd-)samischen Kulturerbes.
↑ Der Polarfuchs *(Alopex lagopus)* hat im Sommer stellenweise braunes statt schneeweißes Fell.

39

SØLENDET

KULTURLANDSCHAFT MIT KNABENKRAUT

Das Naturschutzgebiet Sølendet in der Gemeinde Røros umfasst eine idyllische Landschaft, die über Jahrhunderte von den Einheimischen kultiviert wurde. Diesem Verlauf – sowie zahlreichen kalkhaltigen Quellen – verdanken wir die artenreiche Flora, die vor allem für ihre Orchideen bekannt ist.

Die landwirtschaftliche Nutzung von Sølendet hielt bis in die 1950er-Jahre an. Generation um Generation fand im Sumpfgebiet und auf den mit der Sense gemähten Wiesen Futter für ihre Nutztiere. Es wurde Brennholz gehackt, Äste von Laubbäumen als Futter für die harten Frühlingsmonate gesammelt und die Birkenrinde für Dächer verwendet. All dies hat die Natur in der Gegend beeinflusst: Die Pflanzenwelt hat sich nach und nach der Heuernte und anderen »Eingriffen« angepasst.

Es war aber nicht nur das menschliche Werken, das auf die Pflanzenwelt eingewirkt hat, auch der Untergrund hatte ein Wort mitzureden: Sølendet liegt auf einer kalkreichen Moräne, deren hoher Tongehalt die Grundlage für Stagnation und die Entstehung von Sümpfen bildete. Diese werden außerdem von etwa 50 Quellen mit kalkhaltigem Grundwasser gespeist.

Im Jahr 1974 wurde Sølendet zum Naturschutzgebiet erklärt. Es umfasst gut 300 Hektar, auf denen man rund 270 Pflanzenarten registriert hat. Innerhalb des Naturschutzgebiets befindet sich eine der größten zusammenhängenden Regionen Norwegens mit fruchtbarem, kalkreichem Sumpfland. Diese Sümpfe machen etwa die Hälfte des Gebiets aus; die andere Hälfte besteht hauptsächlich aus bewaldeten Wiesen und Heiden.

Vielfalt der Orchideen

Innerhalb der Schutzgrenze wachsen mehrere seltene Pflanzen in großen Mengen, darunter zwölf Orchideenarten und mindestens ebenso viele Hybride, also Kreuzungen nahe verwandter Orchideenarten. In Hülle und Fülle wachsen beispielsweise die Mücken-Händelwurz, das Blutrote Knabenkraut, das Fleischfarbene Knabenkraut und das Lappländische Knabenkraut. Weitere Schönheiten, die etwas seltener vorkommen, sind Fuchs' Knabenkraut, das Gefleckte Knabenkraut, die Grüne Hohlzunge und das Schwarze Kohlröschen, das Große Zweiblatt sowie das Herz-Zweiblatt.

Manchmal tummeln sich auf einem einzigen Quadratmeter Dutzende verschiedene Orchideen. Schätzungen zufolge soll das Naturschutzgebiet Sølendet zur Blütezeit vier bis fünf Millionen Exemplare aufweisen. Und wer genau hinschaut, entdeckt vielleicht sogar eine Geisterorchidee: eine Miniaturorchidee mit weißen Blüten, die auch als Weiße Froschorchidee bekannt ist.Diese Arten – allesamt Angehörige der Orchideenfamilie – deuten die enorme Vielfalt der Orchideengewächse an. Botaniker gehen von rund tausend Gattungen mit insgesamt bis zu 30.000 Arten aus. Das beweist, dass Orchideen viel mehr sind als die herkömmliche Phalaenopsis.

← Das Purpur-Knabenkraut *(Orchis purpurea)* wird zwischen 25 und 80 Zentimeter hoch.
↓ Ein historisches Gebäude in der Altstadt (Bergstaden) von Røros

INFO

RØROS

Etwa 40 Kilometer bzw. eine halbe Fahrstunde trennen Sølendet von der nächsten Stadt, dem sehenswerten Røros. Von der ehemals blühenden Bergbausiedlung sind Holzhäuser, eine Kirche und Industriedenkmäler erhalten.
www.roros.no

GASTFREUNDSCHAFT IN VAULDALEN

Kurz vor der schwedischen Grenze liegt das Dorf Vauldalen. Was 1926 als Bauernhof begann, ist heute ein kleiner authentischer Ökotourismusbetrieb mit Unterkünften, Kulinarik und Aktivitäten.
www.vauldalen.no

NORWEGENS SPEISEKAMMER

TRØNDELAG FÜR FEINSCHMECKER

Der Landesteil Mittelnorwegen – auf Norwegisch Trøndelag – gilt als fruchtbarste Region des Landes. Hier treffen arktische Spezialitäten, Schätze des Meeres und traditionelle Hausmannskost aufeinander.

Die Region Trøndelag in der Mitte Norwegens zeichnet sich durch eine reiche kulinarische Tradition aus. Die Esskultur ist von der Geografie, dem Klima und der Geschichte geprägt. Zu verdanken haben wir die Köstlichkeiten dem verhältnismäßig milden Wetter und den fruchtbaren Böden: Beide Faktoren machen die Region ideal für die Landwirtschaft.

In der Landschaft mit Tälern und Hügeln gibt es zahlreiche Bauernhöfe, die unter anderem Kartoffeln, Gemüse, Obst und Getreide anbauen. Von hier aus wird ein beträchtlicher Teil der norwegischen Bevölkerung mit hochwertigen Lebensmitteln versorgt. Außerdem sind Wild, Beeren, Pilze und frische Meeresfrüchte wichtige Bestandteile der mittelnorwegischen Esskultur.

Die landwirtschaftliche Tradition und Zutaten aus Fjord und Fjell gehen Hand in Hand mit einer betont regionalen Küche in vielen Restaurants von Trøndelag. Nicht umsonst trug der Landstrich im Jahr 2022 den internationalen Titel

← In der Markthalle Ravnkloa in Trondheim gibt es montags bis samstags frischen Fisch.
↙ Svein Berfjord stellt auf seinem Bauernhof auf der Insel Inderøy Aquavit her.
↓ Auch im Wald lassen sich allerlei Delikatessen finden, etwa Pfifferlinge sowie Heidel- und Preiselbeeren.

»Europäische Region der Gastronomie«, der seit 2012 jährlich vom internationalen Institut für Gastronomie, Kultur, Kunst und Tourismus (IGCAT) vergeben wird. Dabei war Trøndelag die erste Region in Skandinavien, die sich dieses Prädikat sichern konnte.

In Trondheim, der größten Stadt Mittelnorwegens, gibt es sogar mehrere Gaststätten, die vom Guide Michelin mit Sternen ausgezeichnet wurden. Ergänzt wird das kulinarische Angebot durch handwerklich zubereitete Getränke, etwa Bier von jungen Mikrobrauereien und Spezialitätenkaffee in angesagten Cafés.

Inseln des guten Geschmacks

Auch so manche Insel trägt zum hohen Ansehen der *trønder* Aromenwelt bei. Auf Hitra ist beispielsweise eine preisgekrönte Käserei angesiedelt: Bei Hitra Gårdsmat wird die Milch der eigenen, glücklichen Kühe zu etwa zehn verschiedenen Sorten verarbeitet. Kultstatus hat der Grotteost, der in einer unterirdischen Höhle reift, die eine konstante Temperatur von zwölf Grad aufweist.

Wer Mittelnorwegen mit dem Auto oder Wohnwagen durchfährt, wird früher oder später mit der Option des »goldenen Umwegs« (Den gyldne omvei) konfrontiert. Dabei handelt es sich um eine alternative Strecke zur Autobahn E6 zwischen Røra und Vist. Anstatt eine Viertelstunde geradeaus zu preschen, kann man auf die Halbinsel Inderøya (die »innere Insel« im Trondheimfjord) abzweigen und dort Hofläden, Lokale, Kunsthandwerk und Sehenswürdigkeiten entdecken.

INFO

NÜTZLICHE LINKS
Besucherinfo über Trondheim: www.visittrondheim.no
Hitra Gårdsmat: www.hitragardsmat.no
Der »goldene Umweg«: www.dgo.no

Auf den Lofoten ist der tiefste Winter die wirtschaftliche Hochsaison, denn dann wird traditionell auf Skrei gefischt. Die roten Fischerhütten zeugen von einer langen Tradition.

NORD-NORWEGEN

Der hohe Norden – Nordnorge – belohnt die lange Anreise mit arktischer Exotik, Nordlichtern, samischer Kultur und eisigen Landschaften.

40

REGIONALPARK VEFSNA

ANGELN UND ANDERE ABENTEUER

Im Regionalpark Vefsna dreht sich alles um den namensgebenden Fluss mitsamt seiner Nebengewässer und Wasserfälle. Wer sich im Lachsangeln versuchen möchte, ist hier genau richtig.

Die Gründung im Jahr 2021 macht Vefsna zu einem der jüngsten Regionalparks von Norwegen. Dem ging eine neunjährige Planungsphase der drei Gemeinden, die zum Park gehören – Vefsn, Grane und Hattfjelldal – voraus. Gemeinsam haben sie ein klares Ziel vor Augen: die Symbiose von Natur, Kultur und Wirtschaft, um diesen Ort sowohl als Reiseziel als auch als Lebensraum für Einheimische gleichermaßen attraktiv zu gestalten.

Die Landschaft wird von klaren Flüssen und malerischen Bergseen geprägt, die gelegentlich von beeindruckenden Wasserfällen unterbrochen werden. Der Regionalpark misst rund 6600 Quadratkilometer und umfasst weitläufige Naturgebiete von nationaler, aber auch internationaler Bedeutung: Im Gebiet liegen Teile der beiden Nationalparks Børgefjell und Lomsdal-Visten. Außerdem gibt es einige Natur- und Landschaftsschutzgebiete. Daneben bilden Erzählungen über die Besiedlungsgeschichte eine thematische Grundlage für den Regionalpark. Man spricht bei dem Gebiet auch von einer »Landschaft der drei Kulturen«.

Lachsglück an der Vefsna

Wie ein blauer Faden zieht sich der namensgebende Wasserlauf Vefsna durch den Park. Der größte Strom in der norwegischen Provinz Nordland ergibt sich aus dem Zusammenfluss der beiden Wasserläufe Austervefsna und Svenningdalselva bei Trofors. Nach 45 Kilometern mündet er bei Mosjøen über den Vefsnfjord in den Atlantik. Die Vefsna ist für ihren Lachsbestand bekannt und daher ein beliebter Angelfluss. Außerdem tummeln sich Meerforellen im kühlen Gewässer. Um den Fischen das Überwinden der hohen Wasserfälle zu erleichtern, wurden spezielle Lachstreppen angelegt. Zwischen Trofors und dem rauschenden Wasserfall Laksfors verläuft der Fluss – bis auf den Wasserfall Fellingfors – relativ ruhig. Es gibt höchstens kleine Stromschnellen und Sandbänke. Die Flussufer rund um die Finnsås-Brücke in Grane und flussaufwärts sowie die Sandbänke in Richtung Laksfors sind gute Angelplätze. Die meisten Angler stehen jedoch am Westufer, das teilweise über Landstraßen erreichbar ist.

Der Regionalpark Vefsna bietet ein breites Spektrum an Aktivitäten für Natur- und Abenteuerliebhaber: Kajakfahren, Skifahren, Ziplines, Klettern und eine köstliche regionale Küche. Darüber hinaus kann man Schneeschuh wandern, Wildwasserrafting betreiben, Skitouren unternehmen und Hundeschlittenfahrten erleben.

← Zwischen den Orten Gluggvasshaug und Eiterstraumen ergießt sich die Vefsna über den kräftigen Wasserfall Laksfossen.
↓ Das Städtchen Mosjoen verdankt seinen Charme den Holzhäusern am Vefsnfjord.

INFO

URLAUBEN WIE EIN LACHSLORD
In unmittelbarer Nähe des Wasserfalls Laksforsen steht die Laksfors Villa, in der Angelurlauber stilvoll absteigen können. Sie wurde 1935 von englischen Herren erbaut, die seit der Jahrhundertwende zum Lachsfischen anreisten. Sie ließen sich per Telegraf über den Beginn der Angelsaison informieren und kamen dann Mitte Juni per Schiff nach Helgeland, nachdem sie bereits in England und Schottland geangelt hatten.
www.laksfors.no

HÖHENFLÜGE IN MOSJØEN
Das malerische Mosjøen, die älteste Stadt von Helgeland, beherbergt den ersten Klettersteig Nordnorwegens. Außerdem gibt es dort eine Zipline. Wer lieber beide Füße am Boden hat, kann die spektakuläre Helgelandstreppe besteigen: Über etwa 3000 Stufen geht es den Hausberg Øyfjellet hinauf.
www.visithelgeland.com

41

REGIONALPARK VEGAØYAN

EINE EINSAME INSEL ALS WELTERBE

Der Vegaøyan-Archipel ist ein einzigartiges Naturparadies, das von der UNESCO zum Weltkulturerbe erklärt wurde. Es besteht aus etwa 6000 Inseln und Schären, wobei die Hauptinsel Vega die größte ist. Neben der Fischerei lebten die Menschen von der Verarbeitung der begehrten Eiderdaunen.

Der Vega-Archipel, ein verborgener Schatz an der Küste Norwegens, hat mit seiner einzigartigen Natur, seiner bewegten Geschichte und seinem Status als UNESCO-Weltkulturerbe die Herzen von Natur- und Kulturliebhabern gleichermaßen erobert. Die Inselgruppe liegt etwas südlich vom Polarkreis und erstreckt sich über eine Fläche von 1037 Quadratkilometern, wobei der Großteil von Meer bedeckt ist.

Die Hauptinsel Vega, die zu diesem Archipel gehört, beeindruckt mit ihrem majestätischen Berg Trollvasstinden, der 801 Meter über dem Meeresspiegel aufragt. Im Norden der Insel erstreckt sich eine malerische Moorlandschaft. Die gesamte Region beherbergt zahlreiche Vogel-, Landschafts- und Naturschutzgebiete, die die Artenvielfalt dieser Region schützen. Die Pflanzenwelt erstreckt sich von Mooren und Feuchtgebieten bis hin zu Kiefernwäldern und Küstenlandschaften.

Die Gewässer rund um die Inseln sind reich an Fischen, unter anderem Köhler, Hering, Dorsch und Schellfisch. Auf dem Festland des Archipels leben Elche, Hasen und Rehe; kleine Säugetiere wie Nerze sind ebenfalls anzutreffen. Außerdem haben über 200 Vogelarten auf den Inseln eine Heimat gefunden. Besonders beeindruckend sind der Seeadler und die Weißwangengans, die jedes Frühjahr auf den Inseln rasten.

Es war aber ein anderer Vogel, der das Leben und Wirtschaften im Vega-Archipel geprägt hat: die Eiderente. Sie kommt in ganz Skandinavien und vor allem auch in Island vor, und ihr Federkleid ist dem eisigen, windigen Klima des Nordens angepasst. Ihre Daunen – die weltweit begehrten Eiderdaunen – sind äußerst wärmedämmend und ergeben dank ihrer besonderen Klettstruktur bei geringem Füllgewicht warme, leichte Decken. Diese können mehrere Tausend Euro kosten.

Die Vega-Inseln zeugen bis heute von einer charakteristischen, genügsamen Lebensweise, die auf der Fischerei und der Gewinnung von Eiderdaunen in einer ansonsten unwirtlichen Umgebung basiert. Es gibt Fischerdörfer, Kais, Lagerhäuser, Agrarlandschaften, Leuchttürme, Leuchtfeuer – und natürlich viele Nistkästen für die wilden Enten, die sich jedes Frühjahr niederließen. Auf den Inseln sind die Vögel während der gesamten Brutzeit vor Störungen geschützt. Im Gegenzug können die Menschen die wertvollen Eiderdaunen sammeln, sobald die Vögel mit ihren Küken ihre Nester verlassen.

← Felsige Küste trifft auf üppige Wiesen: Am Wasser blühen unzählige Glockenblumen *(Campanula scheuchzeri)*.

Die Besiedlung von Vega reicht beeindruckende 11.000 Jahre zurück, die steinzeitlichen Siedlungen, die hier gefunden wurden, sind die ältesten in Nordnorwegen. Es gibt Grabhügel aus der Stein- und Eisenzeit, die von den frühesten Bewohnern zeugen. Der Fischfang war für die Vega-Insulaner seit jeher von großer Bedeutung, doch im 20. Jahrhundert holte die Landwirtschaft auf.

Die Vegainseln wurden 2004 zum UNESCO-Weltkulturerbe erklärt, was zu einem Anstieg des Tourismus und zur internationalen Anerkennung der Eiderentenzucht führte. Die Geschichte von Fischerei und Landwirtschaft, die auf den Inseln veranschaulicht wird, geht 1500 Jahre zurück und umfasst Häfen, Leuchttürme, Fischerdörfer und landwirtschaftliche Einrichtungen. Das harmonische Zusammenleben von Menschen und Tieren, insbesondere im Hinblick auf die Eiderenten, hat ebenfalls zur Auszeichnung als Weltkulturerbe beigetragen.

Das Vega-Archipel zieht jährlich etwa 30.000 Touristen an, die die reiche Kultur und die unberührte Natur der Region erleben möchten. Auf Besucher warten einige Sehenswürdigkeiten: das archäologische Museum in Gladstad, eine Holzkirche von 1864 und das Denkmal aus dem Zweiten Weltkrieg auf Ylvingen. Ein Highlight für Aktive ist die Vegatrappa: eine Holztreppe mit 1450 Stufen, die zu einem Aussichtspunkt auf dem Berg Ravnfloget führt und einen atemberaubenden Blick über den gesamten Vega-Archipel bietet. Wer Mitte Mai kommt, erlebt das erste zarte Aufblühen der Inseln fast alleine.

Interaktives Besucherzentrum

Nördlich der Hauptinsel Vega, auf dem kleinen Eiland Gardsøya, befindet sich das 2019 eröffnete Besucherzentrum – Norwegens erstes UNESCO-Welterbehaus. Typisch norwegisch ist es in einem spektakulären Bau untergebracht, der sich farblich in die Umgebung einfügt, mit seiner kantigen Form aber gleichzeitig gekonnt heraussticht. Dafür zeichnete das Osloer Architekturbüro Ekberg Lous Arkitekter verantwortlich, das bereits 2008 den öffentlichen Wettbewerb um die Gestaltung dieses Vorreiterprojekts gewonnen hatte.

Das Zentrum bietet Einblicke in die Kultur und Geschichte der Bewohner des Vega-Archipels sowie in die einzigartige Natur der Inseln. Die Hauptausstellung beschäftigt sich mit der Geschichte von der Steinzeit bis in die Gegenwart. Besucher können sich in den Alltag der Inselbewohner und das Handwerk der Eiderentenpflege hineinversetzen. Einmal täglich gibt es eine Führung, ansonsten bereichert ein Audioguide den Rundgang durch die Ausstellung. Außerhalb des Zentrums gilt es, einen Lehrpfad zu erforschen. Das Zentrum hat von Mai bis September geöffnet und ist der ideale Ausgangspunkt für die Erkundigung des Vega-Archipels.

← Der Aufstieg über die Vega-Treppe wird mit einem herrlichen Ausblick auf den Archipel belohnt.
↗ Das malerische Holzhausdorf Nes liegt im Norden der Insel Vega.

INFO

KLETTERSTEIG RAVNFLOGET

Auf der Insel gibt es eine sogenannte Via Ferrata: einen Klettersteig auf dem Berg Ravnfloget. Das Abenteuer beginnt am Parkplatz in Sundsvold mit einem halbstündigen Spaziergang, der bereits hundert Höhenmeter überwindet. Dann stehen die Kletterer vor der Wahl zwischen zwei Routen: der 510 Meter langen einfacheren Route und der 550 Meter langen Mutprobe. An einer Stelle treffen die Wege aufeinander und führen beide über eine in luftiger Höhe hängende »Nepalbrücke«. Der Abstieg vom Gipfel erfolgt über die nicht weniger spektakuläre Vegatreppe, die noch einmal einen weitläufigen Ausblick auf die Welterbestätte gibt.
www.ravnfloget.no

SPEZIALITÄTEN

Wer sich für kulinarische Eigenheiten interessiert, wird auf Vega gleich doppelt fündig. Als Hauptspeise empfiehlt sich frittierte Dorschzunge und als süßer Abschluss der Brei *Vegagomme*, der auf gekochter Milch basiert.
www.visithelgeland.com

Auf der Insel Lånan werden noch immer Eiderdaunen verarbeitet. Im Juni kann man an einer Entensafari teilnehmen (www.lanan.no).

42

NATUR- UND KULTURPARK OKSTINDAN

DAS DACH VON NORDNORWEGEN

Das Okstindan-Gebirgsmassiv enthält einen Gletscher und den höchsten Berg Nordnorwegens. Drum herum erstreckt sich der gleichnamige Natur- und Kulturpark, der eingerichtet wurde, um die einzigartigen Natur- und Kulturschätze dieser Region zu bewahren.

Innerhalb des Parks – auf der Nordseite des Berges, auf 1200 Metern Höhe direkt am Rande des Okstindbreen-Gletschers – befindet sich eine Berghütte des norwegischen Wandervereins DNT: die in der Outdoor-Szene bekannte Rabothytta. Sie wurde 2014 erbaut und fällt durch ihre moderne Architektur auf. Noch vor der Fertigstellung erhielt das Gebäude international mediale Aufmerksamkeit. »Wir würden uns so coole Berghütten in den USA wünschen«, schrieb beispielsweise das *Adventure Journal*. Wer dort einkehrt, hat eine atemberaubende Aussicht auf das Gebirge durch die großzügige Fensterfront.

Der Franzose und der Same

Die Hütte ist nach dem französischen Bergsteiger und Journalisten Charles Rabot (1856–1944) benannt, der in der skandinavischen Bergwelt einige Pionierleistungen erbracht hat. Im Jahr 1883 kam er – übrigens ein Zeitgenosse und Freund des norwegischen Entdeckers und Polarforschers Fridtjof Nansen (1861–1930) – ins Leirskardalen. Rabot engagierte den Samen Klemet Person als »Wanderführer«: Das war ein in der Region lebender Magier und Heiler, der das Gebirge wie seine Westentasche kannte. Gemeinsam bestiegen sie erstmals den 1916 Meter hohen Oksskolten, den höchsten Berg im Landesteil Nordnorwegen. Im selben Jahr – 1883 – war Rabot auch der erste, der den höchsten schwedischen Berg, den Kebnekaise, bestieg.

Diese Zusammenarbeit zwischen dem Franzosen und dem arktischen Ureinwohner ist ein prominentes Beispiel für interkulturellen Austausch und wird bis heute regelmäßig in Erinnerung gerufen: Jedes Jahr wird diese Begegnung mit einem Schauspiel gewürdigt, und zudem sind Hütten des DNT nach beiden Abenteurern benannt. Rabots Name ziert auch eine Gedenktafel auf dem Gipfel des Oksskolten.

Wer in Rabots Fußstapfen treten möchte, sollte dies nur in Begleitung eines Bergführers tun, insbesondere bei der Wanderung quer über den Gletscher. Man kann den Gletscher zwar auch umrunden, aber das ist ein langer Umweg bei einer ohnehin schon anstrengenden Bergwanderung.

Der Oksskolten ist aber nicht das einzige Wanderziel im Natur- und Kulturpark. Südlich des Ortes Korgen, an der Landstraße Fv 806 (dem sogenannten Villmarksveien) gibt es außerdem richtig tiefe Gletschertöpfe zu entdecken. In der Gegend sind über 20 Exemplare zu sehen; der größte hat einen Durchmesser von zehn Metern und ist zwölf Meter tief. Auf Norwegisch spricht man von *jettegrytene*, also »Kochtöpfen der Riesen«. Diese ringförmigen Felsformationen entstanden während der letzten Eiszeit und sind über einen einfachen Wanderweg zu erreichen.

INFO

HEMNES – MEHR ALS EINE MÖBELSERIE

Der Natur- und Kulturpark Okstindan umfasst die gesamte Gemeinde Hemnes – vom wellenreichen Küstendorf Hemnesberget bis zum ewigen Eis des Gletschers Okstindbreen. Kommt Ihnen der Name bekannt vor? IKEA hat ihn sich für eine beliebte Möbelserie im skandinavischen Landhausstil ausgeliehen. Das malerische Fischerdorf Hemnesberget zeichnet sich durch bunte Holzhäuser entlang des Hafens aus. Das Original wartet mit knapp 4500 Bewohnern, einer schneeweißen Kirche und einem kleinen Freilichtmuseum (Bygdetun) auf.

WEITERE AKTIVITÄTEN

Über das vielseitige Angebot im Park informiert eine eigene Webseite. Besuchern stehen geführte Ausflüge zu jeder Jahreszeit sowie kulinarische und kulturelle Erlebnisse zur Auswahl.
www.visitokstindan.com

← Die Rabothytta wurde vom Osloer Architekturbüro Jarmund/Vigsnæs entworfen, und zwar nach dem Motto »drinnen draußen«.
↑ Die einmalige Rabothytta innen: moderne Architektur in schroffer Umgebung

43

MARMORSLOTTET

EINE LANDSCHAFT GRAU IN GRAU

In der Nähe der Stadt Mo i Rana können Wanderer eine besondere Landschaft erkunden, die einer nordischen Sage entsprungen scheint: Das »Marmorschloss« ist eine einzigartige Felsformation, die der Fluss Glomåga über Jahrtausende ausgespült hat.

Die außergewöhnliche Felsformation namens Marmorschloss (Marmorslottet) ist über Tausende von Jahren hinweg entstanden: Im Laufe der Zeit hat der Fluss nach und nach den weicheren Kalkstein weggespült und den härteren Marmor zurückgelassen. Noch länger dauerte das Auswaschen von Riesentöpfen, Höhlen und anderen mysteriösen Formen – durch Wasser und Eis, manchmal aber auch mithilfe von Sand oder Kies als »Schleifmittel«.

Um diesen spektakulären Ort zu besuchen, muss man von Mo i Rana etwa 45 Autominuten fahren: Man folgt der E6 bis Røssvoll und biegt dort auf den Røvassdalveien in Richtung Melfjordbotn ab. Vor der Brücke, die den Fluss Glomåga überquert, geht es geradeaus weiter. Beim Parkplatz am Ende der Straße Langvassveien beginnt die Wanderung, die mit 1,2 Kilometern (ca. 20 bis 40 Minuten) pro Strecke kurz und leicht zu bewältigen ist. Man geht größtenteils über einen präparierten Holzsteg. Nur wenige Stellen mit Seilen bzw. Treppenstufen verlangen Wanderern mehr ab. Im Herbst, wenn die Glomåga weniger Wasser führt, kann man den Fluss zu Fuß über die Steine überqueren. Am gegenüberliegenden Ufer gibt es noch eine Höhle zu entdecken.

Am Ziel heißt es: Bitte Schuhe ausziehen! Um Abrieb, Kratzer und andere Schäden am Gestein zu vermeiden, sind Wanderer angehalten, barfuß oder mit Socken darüberzuspazieren. Würde man denn mit Stiefeln, in deren Sohlen Sand und Kiesel stecken, über den Parkettboden bei Freunden stapfen? Wahrscheinlich nicht – eine ähnliche Höflichkeit ist im »Schloss aus Marmor« geboten. Durch den direkten Kontakt spürt man außerdem die feinen Rillen im glatt wirkenden Gestein und erlebt das Wanderziel so mit mehreren Sinnen.

Abstecher zum Melfjord

Wenn man schon in der Gegend ist, kann man auch noch die 20 Kilometer von der Brücke ins abgelegene Dorf Melfjordbotn weiterfahren, um den namensgebenden, 33 Kilometer langen Fjord zu sehen. Der Ort liegt genau am Polarkreis. Die einzige Straße, die dorthin führt, besteht erst seit dem Jahr 1982. Wer sie befährt, muss sich allerdings auf einige Serpentinen einstellen. Als Belohnung wartet am Ziel dafür ein idyllischer Anblick mit Fischerhütten, auf dem Wasser treibenden Booten und hoch aufragenden Felsen.

← In der Nähe von Mo i Rana hat Mutter Natur das »Marmorschloss« errichtet: eine felsige Landschaft an den Ufern der rauschenden Glomåga.
↓ Der »Mann aus dem Meer« (Havmannen) aus Granit, elf Meter hoch und 60 Tonnen schwer

INFO

MO I RANA
Diese Hafen- und Industriestadt mit knapp 19.000 Einwohnern liegt nur wenige Kilometer unterhalb des Polarkreises. Seit über hundert Jahren verdienen die Menschen hier ihren Lebensunterhalt in Stahl-, Hütten- und Walzwerken. Die Skulptur »Havmannen« (»Meermann«) im Hafenbecken ist eine moderne Sehenswürdigkeit. Das regionale Rana-Museum informiert vielseitig über die Natur und die (Industrie-)Geschichte im vergangenen Jahrhundert. Auch der samischen Kultur ist ein Bereich gewidmet. www.helgelandmuseum.no

LANDSCHAFTSROUTE HELGELANDSKYSTEN
Die 433 Kilometer lange Panoramastraße von Holm im Süden nach Godøystraumen im Norden (mit einem Abstecher zum Torghatten) gehört zu den längsten der 18 offiziellen Landschaftsrouten. Und mit sechs Fähren auch zu den abwechslungsreichsten. An der Strecke liegen ganze neun Aussichtspunkte. Einer davon – der Warteraum am Fähranleger von Jektvik – befindet sich unweit vom Melfjord an der Küste. www.nasjonaleturistveger.no/de/routen/helgelandskysten

44

NATIONALPARK SALTFJELLET-SVARTISEN

WILDES DOPPELPACK AM POLARKREIS

Dieser Nationalpark setzt sich aus Norwegens zweitgrößtem Gletscher und einem arktischen Bergzug zusammen. Dementsprechend rau, aber auch vielfältig ist die Landschaft. Außerdem verläuft dort der Polarkreis, der die Flora und Fauna des Landes auf natürliche Weise in zwei Zonen unterteilt.

Im Jahr 1989 wurde der Nationalpark Saltfjellet-Svartisen durch einen königlichen Erlass ins Leben gerufen. Mit einer Fläche von 2102 Quadratkilometern ist er der viertgrößte Nationalpark auf dem norwegischen Festland. Angrenzend an den Park befinden sich verschiedene Natur- und Landschaftsschutzgebiete, die gemeinsam eine weitreichende Schutzzone für die Natur bilden.

Wie der Name schon andeutet, setzt sich der Nationalpark aus zwei Bereichen zusammen: dem Gebirgszug Saltfjellet im Osten und dem Gletscher Svartisen (»das schwarze Eis«) im Westen. Letzterer setzt sich genau genommen aus zwei Gletschern zusammen, seitdem in den vergangenen Jahren Eis abgeschmolzen ist: Der Vestre Svartisen (kurz Vestisen) ist mit 221 Quadratkilometern nach dem Jostedalsbreen der zweitgrößte des Landes. Und der Østre Svartisen (Østisen) rangiert mit 148 Quadratkilometern auf Platz vier. Die umliegenden Berge ragen bis zu 1500 Meter in die Höhe, während im Westen der Nordfjord in den Park hineinreicht.

Im Osten erstrecken sich weite Täler, die von Flüssen durchzogen sind und von malerischen Seen gesäumt werden. Dort zeichnet sich die Bergwelt trotz der hohen Gipfel durch sanftere Konturen aus, die zu ausgedehnten Hochebenen und bewaldeten Mooren führen. Urwaldartige Birken- und Fichtenwälder prägen diese Region. Der höchste Berg des Parks, der 1751 Meter hohe Ørfjellet, befindet sich ebenfalls im Osten, und der Polarkreis zieht sich im Süden entlang.

Einige Bereiche des Parks bestehen aus Kalkstein, wodurch sich faszinierende Höhlen und unterirdische Flüsse gebildet haben, insbesondere entlang des Jordbruelva im Norden und des Marmorschlosses (Marmorslottet, (s. S. 158) in Glomåga am Fuße des Glomdalen, das etwa eine Stunde zu Fuß vom Parkplatz in Glomdalen entfernt liegt. Neben Kalkstein besteht das Gestein hauptsächlich aus Glimmerschiefer, was einen fruchtbaren Boden schafft und viele Arten gedeihen lässt.

Die Pflanzenwelt im Nationalpark ist äußerst vielfältig, wobei die Wälder von Birken und Kiefern geprägt sind. Kleinere Pflanzenarten wie Platanen-Hahnenfuß, Trollblume, Eisenhut, Breitblättrige Glockenblume, Hain-Sternmiere und Weißer Silberwurz sind ebenfalls vertreten. Zu den Raritäten im Park gehören der Alaska Rhododendron und der Weiße Silberwurz. In Granneset im Süden des Parks befindet sich der nördlichste Fichtenwald des Landes, der mit seiner urwaldähnlichen Atmosphäre einen Besuch wert ist.

→ Eisbedeckte Berge in der Nähe des Gletschers Svartisen spiegeln sich im Holandsfjord.

← Ein kleiner Leuchtturm auf einem Felsvorsprung im Holandsfjord
↙ Zur Ausrüstung für eine Gletschertour gehören unter anderem Teleskop-Trekkingstöcke.
↘ Während der Nationalpark im Westen von Fjord und Fjell geprägt ist, dominieren im Osten breite Täler und Moorland.

Dort ergießt sich außerdem der Wasserfall Bredekfossen (auch bekannt als Stormdalsfossen), der durch Schmelzwasser vom Svartisen-Gletscher gespeist wird. Besonders im Sommer, wenn die Kraft des Flusses Stormdalsagå ihren Höhepunkt erreicht, zeigt er sich als mächtiger Wasserfall mit einer Fallhöhe von 25 bis 40 Metern. Wer ihn erkunden möchte, folgt dem Wanderweg Bredekrunden von Bjøllånes aus.

Arktische Tierwelt

Im Park sind Rentiere und Elche zu Hause, während zu den Raubtieren Luchse und Vielfraße gehören. Auch Polarfüchse und Adler sind hier anzutreffen, wobei eine der größten Populationen von Polarfüchsen in Norwegen hier beheimatet ist. Polarfüchse bedürfen als gefährdete Art eines besonderen Schutzes.

Außerdem hüten die Samen seit langer Zeit Rentierherden im Bereich des Parks, wie es bereits seit dem 9. Jahrhundert nachweisbare Spuren von Opferstätten, Fallgruben und Zäunen belegen. Früher gab es in Nedre Stormdalen einige Höfe, die jedoch nach dem Zweiten Weltkrieg aufgegeben wurden. Einige davon werden heute teilweise instand gehalten und der Öffentlichkeit zugänglich gemacht. Die Rentierzucht im Park reicht bis ins 16. Jahrhundert zurück; 1867 wurde eine Telefonleitung durch das Gebiet verlegt.

Besucherzentrum und Aktivitäten

Das Nordland-Nationalparkhaus (Besøkssenter nasjonalpark Nordland), das zwischen den Nationalparks Saltfjellet-Svartisen und Junkerdal liegt und 2005 eröffnet wurde, bietet wechselnde Ausstellungen zur Kultur und Natur in Nordnorwegen. Diese Ausstellungen behandeln unter anderem die Tierwelt, Geologie und Kultur der Samen.

Zum Besucherzentrum gehört – etwas überraschend – auch ein Kunstmuseum: Die Adde-Zetterquist-Galerie stellt in ihrer Dauerausstellung das Werk des Künstlerpaares Per Adde (1926–2020) und Kajsa Zetterquist (geb. 1936) vor. Die beiden haben sich nicht nur für den Umweltschutz, sondern auch für die Rechte der Samen eingesetzt. Vor der spektakulären Kulisse aus wilder Natur und moderner Architektur vermittelt die Galerie auf außergewöhnliche Weise Kunst, Natur und samische Kultur und bietet ein breites Spektrum an Erlebnissen.

Im Nationalpark bieten sich zahlreiche Aktivitäten an, darunter Wandern und die Erkundung von Höhlen. Es stehen 15 Selbstversorgerhütten zur Verfügung, und ein gut ausgebautes Netz von Wanderwegen zieht sich durch die Region. Außerdem werden geführte Gletscherwanderungen angeboten, und man kann sich im Angeln und Langlaufen versuchen. Wer möchte, kann sogar mit dem Boot fahren: Zwischen der Bucht Holandsvika (in der Gemeinde Halsa) und dem Gletscher verkehrt das passend benannte Shuttleboot *Isprinsen* (»der Eisprinz«, www.tilsvartisen.no).

INFO

DEN POLARKREIS ÜBERQUEREN

Im Herzen des Saltfjellet-Gebiets befindet sich das Polarkreis-Besucherzentrum (Polarsirkelsenteret), das 1990 eröffnet wurde. Es passiert nicht jeden Tag, dass man den Polarkreis überquert. Als Erinnerung kann man sich eine Urkunde ausstellen lassen. Oder man berichtet Freunden und Verwandten von dem außergewöhnlichen Erlebnis, indem man im Besucherzentrum eine Postkarte abschickt, die vor Ort mit einem einmaligen Poststempel versehen wird. www.polarsirkelsenteret.no

HOTEL SVART

Am Fuße des Gletschers liegt das brandneue Hotel Svart, das vom renommierten norwegischen Architekturbüro Snøhetta entworfen wurde. Es leistet im Bereich Nachhaltigkeit mehrfach Pionierarbeit: Einerseits wurde es nach dem neuen Baustandard »Powerhouse« gebaut, das mit den UN-Nachhaltigkeitszielen im Einklang steht. Andererseits zielt es darauf ab, den jährlichen Energieverbrauch im Vergleich zu einem modernen Hotel um etwa 85 Prozent zu senken und zusätzlich seine eigene Energie zu produzieren.
www.svart.no, www.sixsenses.com

Das spektakuläre Hotel Svart verbindet zwei typisch norwegische Vorlieben: für die Natur und für moderne Architektur.

Das Polarkreiszentrum (Polarsirkelsenteret) liegt ganz im Osten des Nationalparks, leicht erreichbar an der Autobahn E6.

45

NATIONALPARK SJUNKHATTEN

FAMILIENFREUNDLICHE WILDNIS

Trotz seiner nördlichen Lage ist der Nationalpark Sjunkhatten so gut zu erreichen und so leicht zu bewandern, dass die Einheimischen ihn »Nationalpark der Kinder« nennen.

Der 2010 gegründete Nationalpark Sjunkhatten grenzt direkt an Bodø, die Hauptstadt der Fylke Nordland, und damit an das einwohnerstärkste Gebiet der Region. Die Hälfte der Kinder und Jugendlichen von Nordland lebt in der Nähe des Nationalparks, und dank seiner einfachen Erreichbarkeit, der vielen Hütten und präparierten Wanderwege ist er unter Familien äußerst beliebt. Beim Øvre Valnesfjord gibt es sogar Wege, die sich im Rollstuhl bzw. mit Kinderwagen meistern lassen. Wasserfälle und Höhlen versprechen abenteuerliche Tage in der Natur. Man kann auch angeln, zum Beispiel auf Seelachse.

Selbst im Winter finden aktive Bodenser ihren Weg in den Nationalpark. Als Küstenregion ist die Umgebung zwar nicht schneesicher, aber die Chancen auf eine weiße Landschaft stehen trotzdem gut. Dann laden Loipen zum Langlaufen ein. Es gibt außerdem ausgewiesene Naturskipisten, etwa am 962 Meter hohen Kvalhornet. Von dort aus hat man eine weitläufige Aussicht über die Berge und Fjorde. Seit etwa 50 Jahren wird im März ein zehn Kilometer langes Skirennen um den Valnesfjord (Valnesfjord rundt) veranstaltet.

Der Park verdankt seinen Namen dem 1185 Meter hohen Berg Sjunkhatten. Um diesen herum erstreckt sich eine ebenso hügelige Landschaft mit bewaldeten Tälern und Feuchtgebieten sowie Seen und tiefen Fjorden, darunter der Sjunkfjord. Insgesamt ist ein Zehntel des 417 Quadratkilometer großen Nationalparks von Wasser bedeckt. Die Bewegungen von Gletschern, die die Landschaft geformt haben, haben außerdem Moränen und abgerundete Gipfel hinterlassen.

Eine facettenreiche Landschaft

Würde man den Park ganz durchqueren, würde man merken, wie sich die Vegetation ändert: Im Westen besteht der Untergrund aus Quarzit und Granit – saure, unfruchtbare Gesteine, auf denen kaum etwas wächst. Im Osten hingegen bieten Glimmerschiefer und Marmor eine Basis für üppiges Wachstum, das von mehr Niederschlag begünstigt wird.

Die variierende, wasserreiche Landschaft wurde unter den höchsten Naturschutz gestellt, um den Lebensraum seltener Tierarten zu erhalten, die sich in Seen und Feuchtgebieten wohlfühlen. Unter den Pflanzen und Tieren im Nationalpark Sjunkhatten sind 18 Arten, die auf der Roten Liste stehen. Besonders vielfältig ist die Vogelwelt – vom beeindruckenden Seeadler bis hin zum kunstvoll gemusterten, schwarz-weißen Prachttaucher.

Über die reiche Flora und Fauna in Nordland berichtet das regionale Besucherzentrum (Besøkssenter nasjonalpark Nordland), das ganze fünf Nationalparks abdeckt: Junkerdal, Làhku, Rago, Saltfjellet-Svartisen (s. S. 160) und Sjunkhatten. Es befindet sich an der Autobahn A6 bei Storjord, etwa 1,5 Fahrstunden südöstlich von Bodø.

INFO

BODØ
Mit knapp 53.000 Einwohnern ist Bodø für norwegische – vor allem nordnorwegische – Verhältnisse eine Großstadt. Die Ernennung zur europäischen Kulturhauptstadt 2024 hat ihr zusätzlich internationale Aufmerksamkeit eingebracht.
www.visitbodo.com

GEFÜHRTE AUSFLÜGE
Bodø ist der ideale Ausgangspunkt für Aktivitäten mit Guide, sowohl in den Nationalpark Sjunkhatten als auch darüber hinaus. Ein Anbieter heißt Explore Salten, und sein breites Portfolio umfasst Bootstouren, Schneeschuhwanderungen, Adlersafaris, Nordlichtjagden, Klettern und vieles mehr.
https://exploresalten.no/en/aktiviteter/

← Die changierende Landschaft im Nationalpark beruht auf den verschiedenen Grundgesteinen: hier günstig und nass, dort sauer und karg.
↑ Bodø: Nordnorwegens Metropole. Das Wasser birgt den stärksten Mahlstrom des Landes.

46

LOFOTEN

ROADTRIP ZWISCHEN FJELL UND MEER

Der Lofoten-Archipel lockt Naturliebhaber mit einer rauen Landschaft und einem einmaligen Zusammenspiel von Bergen und Küste. Je langsamer man über die malerische Panoramastraße schleicht, desto mehr hat man von der Aussicht.

Die Lofoten sind ein klassisches Ziel für Selbstfahrer. Oder sollte man lieber »der Lofoten« sagen? Der Name lässt sich nämlich mit »die Luchspfote« (also eigentlich ein Wort im Singular) übersetzen und geht darauf zurück, dass die Inselgruppe wie eine Tatze ins Nordmeer ragt.

Die einzelnen Inseln werden von der E10 verbunden, die zwar offiziell eine Autobahn ist, in Wirklichkeit aber eine zweistreifige Landstraße, die ganz gemächlich befahren wird – erstens, weil dort zahlreiche Wohnwagen unterwegs sind, zweitens wegen der vielen Kurven … und drittens wegen der faszinierenden Aussicht.

Der 230 Kilometer lange Abschnitt zwischen Raftsundet (im Osten, dem Festland am nächsten) und Å i Lofoten (ganz draußen im von Wellen umspülten Westen) bildet die braun ausgeschilderte Lofoten-Panoramastraße (Nasjonal turistveg Lofoten).

Auf der Spur der Skreifischer

Unterwegs wechseln sich kleine Ortschaften und unberührte Küstenlandschaften ab. Auf der Insel Austvågøya liegen der Hauptort Svolvær mit knapp 5000 Einwohnern sowie das sehenswerte Nachbardorf Kabelvåg. Die nächste Insel (Gimsøya) trägt das 1983 eingerichtete Naturschutzgebiet Gimsøymyrene, das zu drei Vierteln aus Mooren verschiedener Typen besteht.

Je weiter man gen Westen – also in Richtung des offenen Nordmeers – vordringt, desto spärlicher besiedelt sind die Inseln. Dem Bild der tierischen Anatomie folgend, liegt unter der Kralle der Luchspfote der 99 Quadratkilometer große Nationalpark Lofotodden, und zwar an der Meerseite der Insel Moskenesøya. Er wurde 2018 zum Schutz eines einzigartigen küstenalpinen Landschaftsbildes ausgewiesen, das durch komplexe geologische Prozesse entstanden und aus naturhistorischer Sicht äußerst wertvoll ist.

Der Nationalpark ist ein wichtiger Lebensraum für Seeadler, Steinadler und verschiedene bedrohte Seevogelarten. Entlang der Küste leben auch mehrere marine Säugetiere. Trotz eines nährstoffarmen und homogenen Gesteinsuntergrunds gibt es Bereiche mit interessanter Flora, insbesondere in Strandnähe und bei früheren Siedlungsplätzen.

← Das Fischerdorf Reine im Westen der Lofoten gehört zu den malerischsten Flecken des Archipels. Darüber thront der 797 Meter hohe Berg Munken.

INFO

ÜBERNACHTEN IN EINER »RORBUA«

Die frühen Lofoten-Fischer, die nur zur Skreizeit auf den Inseln lebten, waren in sogenannten Rorbuer (»Ruderhütten«) untergebracht. Diese einfachen Holzhäuschen waren meistens mit roter Tranfarbe angestrichen, damit sie nicht verwitterten. Viele der Exemplare, die die große Abrisswelle in den 1950er-Jahren überlebt haben, zeigen sich heute in neuem, restauriertem Glanz und dienen als Unterkünfte für Urlauber. Es werden aber auch neue Hütten im traditionellen Stil gebaut. Ein Beispiel ist das Hotel »Anker Brygge« in Svolvær.
www.anker-brygge.no

KUNSTVOLLES HENNINGSVÆR

Das Dorf Henningsvær, das ein paar Kilometer abseits der E10 liegt, ist für seine Größe überraschend feingeistig: Auf die rund 500 Einwohner kommen zwei hochwertige Galerien und ein außergewöhnlicher Kunsthandel. Das Lofotens Hus verfügt über die landesweit größte Sammlung an Werken von nordnorwegischen Malern um die Jahrhundertwende. Fischerdörfer, Schiffe auf See und bergige Fjorde sind wiederkehrende Motive. Die Kaviar Factory stellt hingegen zeitgenössische Künstler vor. Und bei Engelskmannsbrygga kann man Unikate für zu Hause erstehen. Übrigens: Auch die Restaurantszene von Henningsvær ist nicht zu verachten.
www.visitlofoten.com

So rau und abgelegen die »Luchspfote« auch ist: Besiedelt wurde sie wahrscheinlich schon vor 11.000 Jahren. Der Ort Vågan (nahe dem heutigen Kabelvåg) gilt als Nordnorwegens älteste stadtartige Siedlung. Und seit einem guten Jahrtausend sind die Lofoten-Inseln ein wichtiger Platz für die Fischerei. Vor allem wird Kabeljau gefangen – genauer gesagt der Winterkabeljau namens Skrei, der aus der noch kälteren Barentssee zu den Lofoten migriert, um dort zu laichen.

47

NATIONALPARK REISA

ALLES IM FLUSS

Gut 300 Kilometer oberhalb des Polarkreises, wo Norwegen die nördlichen Grenzen von Schweden und Finnland überragt, liegt der 1986 eingerichtete Nationalpark Reisa. Das namensgebende Tal des Flusses Reisaelva bietet sich für Bootstouren zu Wasserfällen an.

Der 806 Quadratkilometer große Nationalpark lebt von der Flusslandschaft rund um die Reisaelva. Dieser ergibt sich aus zwei Quellflüssen, von denen einer dem See Ráisjávri im Südosten des Parks entspringt, und mäandert durch Norwegens hohen Norden, bevor er bei Storslett über den Reisafjord ins Europäische Nordmeer mündet. Er hat die Landschaft mitgestaltet, indem er sich über Millionen von Jahren seinen Weg durch den Berg bahnte und Millimeter für Millimeter eine spektakuläre Schlucht ausgespült hat.

In der Gegend leben die ethnischen Gruppen der Kvenen und der Samen. Auf Samisch heißt der Park übrigens *Njállaávzi*, was sich aus den Worten für Polarfuchs *(njalla)* und Schlucht zusammensetzt. Neben dem namensgebenden *Vulpes lagopus* gibt es im Park Luchse, Vielfraße, Rentiere und gelegentlich Braunbären sowie einige Arten kleinerer Säugetiere. Außerdem geht man von etwa 140 Vogelarten aus, darunter Greifvögel wie Gerfalke, Merlin, Steinadler und Raufußbussard. Im Sommer kommen Sumpfvögel wie Kraniche, Seetaucher, Enten und Singschwäne.

← Der Fluss Reisaelva formt die Landschaft im heutigen Nationalpark Reisa seit Jahrmillionen.

Der charakteristische flache Talboden wird von steilen Klippen am Rand begrenzt. Hier und da geht ein Seitenfluss über einen reißenden Wasserfall in den Reisaelva über. So sollte sich kein Besucher des Nationalparks das höchste Exemplar in Nordnorwegen entgehen lassen: den Mollisfossen. Aus einer Höhe von 269 Metern stürzt der Fluss Mollešjohka hinab; über die Hälfte davon (140 Meter) im freien Fall. Besonders beeindruckend ist es, ihn von unten zu betrachten. Bei schönem Wetter umgibt ein Regenbogen die Prallzone – ein herrliches Fotomotiv.

Dagegen ist der 20 Meter hohe Imofossen ein Winzling, doch auch dieser Wasserfall ist sehenswert, wie er sich seinen Weg über eine Felswand aus Granit bahnt. Diese gewaltige Stromschnelle markiert übrigens das Ende der Wanderschaft vieler Wildlachse. Sie ziehen von Juni bis August flussaufwärts zum Laichen. Dadurch ist der Nationalpark im Sommer nicht nur wegen des guten Wanderwetters »eine Reisa wert«, sondern auch wegen der guten Angelbedingungen. Dort wurde schon so mancher kapitale Fisch an Land gezogen. Wer es auf eigene Faust probieren möchte, braucht einen Angelschein. Es werden aber auch geführte Ausflüge angeboten, beispielsweise über die Unterkunft Lyngen Lodge in Olderdalen.

Etwas weiter im Tal bildet der Reisaelva Nebenflüsse aus, die sich in Form von Mäandern durch die Landschaft schlängeln. Ein Teil der Landschaft ist von Mooren, Heiden und Moränen bedeckt. Eine Besonderheit dieser »umspülten« Landschaft sind die Gletschertöpfe. Es gibt mehrere Exemplare, darunter Norwegens einzigen »Doppeltopf«, dessen zwei Kammern durch eine natürliche Brücke aus Granit verbunden sind – auch das ist eine einmalige Erscheinung. Das Gestein im Park besteht aus Granit und Schiefer, und in den Schluchten lassen sich die verschiedenen Gesteinsschichten ausmachen.

Durch den Park ziehen sich Kiefern- und Birkenwälder. Am Ufer des Reisaelva liegt ein Dickicht aus Weiden, Espen und Kirschbäumen. Auch die Deutsche Tamariske wächst an den Flussufern. In den üppigen Tälern wachsen etwa Alpen-Milchlattich, Trollblume, Langblättriger Ehrenpreis, Jakobsleiter, Straußenfarn und Ährige Johannisbeere. In den trockeneren Gebieten abseits der Moore und Flussufer ist die Allackerbeere zu finden. Es wurden im Park bisher 525 Pflanzenarten gefunden.

Fernwanderweg durch drei Länder

Der markierte Wanderpfad durch das Flusstal ist ein Teil des Nordkalotte-Wanderwegs. Dieser führt über 800 (!) Kilometer durch die nördlichsten Gebiete von Norwegen, Schweden und Finnland und überquert dabei öfters die Ländergrenzen. Unter der »Kalotte« versteht man die nördlichste Region der fennoskandinavischen Halbinsel – inklusive Teilen von Russland – mit allen Provinzen über dem Polarkreis. Die knappe Hälfte des Wanderwegs (380 Kilometer) liegt in Norwegen.

Wer sich diesen Fernwanderweg oder einen Teil davon im Sommer vornimmt, wird von Mutter Natur mit ausreichend Licht versorgt: Ganze zwei Monate lang geht die Sonne nämlich gar nicht unter. Im Schein der Mitternachtssonne lässt es sich ausgiebig wandern, paddeln und angeln. Dabei verliert man schnell das Zeitgefühl – aber ist das nicht gerade das Reizvolle an einer Auszeit in der Wildnis? Schließlich »rechnet« die Natur in Jahreszeiten und nicht in Stunden und Tagen. Für längere Ausflüge stehen Schutzhütten des norwegischen Wandervereins (DNT) bereit, außerdem kann wild gezeltet werden.

Zur finnischen Grenze hin wird die Landschaft bergiger, und es gibt einige Erhebungen über 800 Meter. In dieser Region ist die Flora alpiner, weist aber immer noch eine üppige Artenvielfalt in ganz Norwegen auf. Der höchste Punkt des Nationalparks ist der Čáravárri mit einer Höhe von 907 Metern. Er gehört zur Finnmarksvidda, dem größten Hochplateau Norwegens. Dieses breitet sich im Osten des Parks aus und misst rund 22.000 Quadratkilometer. Damit ist es größer als das Bundesland Hessen.

↖ Eine Bootstour auf dem Fluss Reisaelva gibt Besuchern eine neue Perspektive auf den Nationalpark.
← Im Nationalpark gibt es neben Polarfüchsen und Luchsen auch viele Rentiere in Herden.
↗ Nachdem die Reisaelva im Hochgebirge aus zwei Flüssen entsteht, hat sie einen 127 Kilometer langen Weg zum Nordmeer vor sich.

INFO

BESUCHERZENTRUM & INFOPUNKT

In der 1800-Seelen-Ortschaft Storslett, die an der Mündung des Reisaflusses liegt, befindet sich das Besucherzentrum für den Nationalpark Reisa (Halti nasjonalparksenter). Es wurde 2004 eröffnet und bietet Informationen sowie Ausstellungen an. Unter anderem informiert es über das Volk der Kvenen.
50 Kilometer weiter südlich, wo der eigentliche Nationalpark beginnt, ist der zum Nationalparkhaus gehörige, kleinere Visitor Point Ovi Raishiin zu finden, was in der Sprache der Kvenen »Tor zum Reisatal« bedeutet. Neben Park-, Picknick- und Grillplätzen, Toiletten und Informationsmaterial gibt es auch einen Aussichtspunkt. Von dort aus kann man gut in den Park und zu Wanderungen aufbrechen. Außerdem ist es möglich, in der Schutzhütte (Nordkalottstua) zu übernachten.
www.reisanasjonalpark.no

BOOTSFAHRT ZUM MOLLISFOSSEN

Ganz nah heran an den Wasserfall Mollisfossen gelangt man bei einer Bootsfahrt mit dem Anbieter Reisaboat. Mit einem traditionellen Flussboot *(elvebåt)* geht es unter Führung eines Guides auf der Reisaelva durch Schluchten hindurch und an Sieimma vorbei, wo 4000 Jahre alte Felszeichnungen gefunden wurden. Bei einer Pause gibt es eine Tasse Kaffee, der über einem Lagerfeuer gekocht wird. Die Tour setzt keine besonderen Fähigkeiten voraus und ist auch nicht anstrengend, sodass sie grundsätzlich für jeden geeignet ist. Sie dauert 3,5 Stunden und wird von Juni bis September angeboten. Der Startpunkt liegt dort, wo der schmale Fluss Saraelva in die Reisaelva mündet, und kann mit dem Auto angefahren werden.
www.reisaboat.no

Einmal die Nordlichter sehen: Der Wunsch kann oberhalb des Polarkreises zwischen September und März in Erfüllung gehen.

KULTUR DER SAMEN

IM REICH DER RENTIERE

Nordnorwegen ist nicht nur bekannt für das Nordlicht und die Mitternachtssonne, sondern auch für seine samischen Einwohner. Die Angehörigen dieses Urvolks leben oft – aber nicht nur – von der Rentierzucht.

Die Heimat der Samen, die sich über Norwegen, Schweden, Finnland und Russland erstreckt, heißt Sápmi. Man geht davon aus, dass in diesem Gebiet rund 80.000 bis 100.000 Angehörige dieses europäischen Urvolks leben. Über die Hälfte von ihnen ist in Norwegen ansässig, genauer gesagt in der Provinz Finnmark im Landesteil Nordnorwegen. Aber auch weiter südlich, bis in die Provinz Trøndelag, sind samische Siedlungen zu finden. Außerdem wurden in Norwegen über 200.000 Rentiere gezählt, die sich auf etwa 3000 Rentierzüchter aufteilen. Man soll einen Samen aber niemals fragen, wie viele Rentiere er besitzt – das wäre so, als würde man nach dem Kontostand fragen.

Die Lebensweise im Einklang mit den Rentieren schlägt sich nicht nur im Lassowerfen, sondern auch in der Küche nieder. Gerichte wie getrocknetes Rentierfleisch sowie Rentiergeschnetzeltes *(reinskav)* sind wesentliche Bestandteile

← Ökotourismus mal anders: Wer die samische Lebensweise kennenlernen möchte, braucht einen einheimischen Guide.
↙ Der von Rentieren gezogene Schlitten gehört zu den ältesten Fortbewegungsmitteln im hohen Norden.
↓ Neben Rentieren sind auch Trachten in starken Farben ein samisches Kulturgut.

der samischen Esskultur. Die (ehemals) nomadische Lebensweise hat außerdem Spezialitäten hervorgebracht, die sich dadurch auszeichnen, dass sie lange haltbar und leicht zu transportieren sind.

Die Kultur der Samen manifestiert sich auf vielfältige Weise. Typisch sind beispielsweise die Trachten in kräftigen Farben – Rot, Blau, Gelb und Schwarz – und das Kunsthandwerk namens *Duodji*, das unter anderem Schmuckstücke aus weichem Rentierleder und dünnen Zinnfäden umfasst. Und der mit dem Jodler verwandte Gesang namens *Joik* stammt aus der Zeit vor der Christianisierung und war als Teil schamanistischer Rituale zeitweise verboten.

Kulturzentrum Karasjok

Als Hauptstadt der Samen in Norwegen gilt Karasjok – ein Dorf mit knapp 2000 Einwohnern in der Provinz Finnmark. Die Gemeinde zählt 2500 Menschen und rangiert damit unter den zehn größten Ortschaften der Provinz. Als eines der Hauptsiedlungsgebiete der Samen in Norwegen beherbergt Karasjok das samische Parlament namens Sameting. Dank seiner eigenwilligen Architektur fällt es sofort ins Auge: Die Form des Baus ist einem traditionellen Zelt namens Lavvo nachempfunden. Diese ursprünglich mobile Behausung gilt als Symbol der nomadischen Lebensweise, die die Samen bis ins frühe 20. Jahrhundert pflegten. Unter der Woche werden englischsprachige Führungen durch das Parlamentsgebäude angeboten.

In Karasjok gibt es außerdem das samische Freilichtmuseum RiddoDuottarMuseat. Als es 1972 eröffnet wurde, war es die erste den Samen geweihte Kulturinstitution in ganz Norwegen. Heute verwaltet es eine Sammlung mit über 5000 Objekten und vermittelt Wissen über das nordische Urvolk im Freien sowie in Ausstellungen im Hauptgebäude.

INFO

NÜTZLICHE LINKS

Parlament: https://sametinget.no/visit-the-sami-parliament/
Museum: www.rdm.no

48

WELTKULTURERBE ALTA

PRÄHISTORISCHE KUNSTWERKE

Am Nordende des Altafjords, im nördlichen Teil Norwegens, befindet sich Nordeuropas größte Ansammlung von Felsritzungen und -malereien. Die Motive aus der Jungstein- und Bronzezeit, die zwischen 2000 und 7000 Jahre alt sind, wurden 1985 zum UNESCO-Weltkulturerbe erklärt.

Das Kulturerbegebiet in der Provinz Troms og Finnmark umfasst fünf Standorte rund um Alta, an denen Felsbilder entdeckt wurden: Hjemmeluft, Kåfjord, Amtmannsnes, Transfarelv und Storsteinen. Großteils handelt es sich bei den Bildern um Felsritzungen, mit Ausnahme von 50 Einzelfiguren an der Transfarelv-Stelle, die Felsmalereien sind. Während die Felsritzungen, die auch als Gravuren bezeichnet werden, durch Kratzen oder Schaben in den Felsen geschaffen wurden und somit nahezu ewig halten, bestehen die Malereien aus Farben wie rotem Ocker, weißem Kalkstein oder schwarzem Kohlenstoff. Sie wurden vermutlich mit Pinsel, Schwamm oder Finger aufgetragen und überraschen mit ihren Details.

Die Bilder wurden von Jägern und Sammlern erstellt und bieten Einblicke in deren Gedankenwelt, Rituale und Technologie. Sie zeigen Szenen aus der Jagd, Fischerei, dem Aufstellen von Fallen sowie rituelle und kommunikative Aktivitäten. Die Motive umfassen einzelne Menschen, Rentiere, Elche, Bären, Wölfe, Enten, Lachse, Wale, Boote, Werkzeuge und geometrische Figuren. Sie vermitteln Informationen darüber, wie die Ressourcen zu dieser Zeit genutzt wurden und wie die Gesellschaft organisiert war.

Wo Kunst auf Geologie trifft

Die Position der Zeichnungen hängt mit dem Phänomen der Landhebung zusammen, die die skandinavische Halbinsel seit der letzten Eiszeit kontinuierlich »wachsen« lässt. Archäologen sind sich einig, dass die Zeichnungen ursprünglich in Felsen geritzt wurden, die sich zunächst an der Küste, mittlerweile aber weiter im Landesinneren befinden. Daher gilt: Je weiter eine Zeichnung vom Meer entfernt ist, desto mehr Jahr(tausend)e hat sie auf dem Buckel. Die ältesten sind etwa 7000 Jahre alt, während die jüngeren Werke »erst« vor etwa 2000 Jahren entstanden sind.

Die Felsen, in die die Zeichnungen eingeritzt sind, bestehen aus Sandstein und haben einen hohen Quarzgehalt. Nach dem Auffinden wurden die Bilder mit roter Farbe nachgezeichnet. Man kann nicht beweisen, dass die Zeichnungen zu ihrer Entstehungszeit ebenfalls ausgemalt wurden, vermutet es aber.

In Hjemmeluft informiert das Alta-Museum, das auch als Welterbezentrum fungiert, über diese faszinierenden geologischen und historischen Hintergründe. Es bietet zudem Einblicke in die Kultur der Samen, die Nordlichter und die Kultur in und um Alta. Das Museum ist das ganze Jahr über geöffnet und befindet sich an jenem Standort der Welterbestätte, der die höchste Anzahl von Bildern aufweist: In Hjemmeluft sind etwa 3000 Zeichnungen zu finden. Ein drei Kilometer langer Holzsteg führt geradewegs zu den Highlights.

INFO

DIE NORDLICHTKATHEDRALE VON ALTA

In Alta gibt es eine außergewöhnliche Kirche zu bestaunen: die sogenannte Nordlichtkathedrale (Nordlyskatedralen). Sie wurde 2013 nach zweijähriger Bauzeit eingeweiht und zeichnet sich durch eine auffällige Architektur aus. Sie besteht aus Beton und ist mit Titanplatten verkleidet, die das Nordlicht widerspiegeln sollen. Das Gebäude hat einen runden Grundriss und schraubt sich spiralförmig in immer kleiner werdenden Kreisen gen Himmel, bis es schließlich in einen schmalen Turm mündet. Im Untergeschoss der Kathedrale kann man sich eine Ausstellung über das Nordlicht ansehen. Erst seit 1999 hat Alta (mit mittlerweile über 21.000 Einwohnern) den Status einer Stadt, und im Zusammenhang mit dem neuen Status hat sie den Spitznamen »Stadt der Nordlichter« bekommen.
www.kirken.no/nb-NO/fellesrad/Alta-kirkelige-fellesrad

SEHNSUCHTSZIEL FÜR WALBEOBACHTER

Der Winter ist nicht nur die beste Reisezeit für Nordlichtsichtungen, sondern auch für Walsafaris. Der Altafjord ist bekannt für die guten Chancen für Walbeobachtungen, wobei die Saison für die Ausflüge von Ende Oktober bis Mitte Dezember dauert. Dann jagen die Wale im Fjord nach Heringen, und man muss gar nicht weit hinausfahren, um sie dabei anzutreffen. Es kommen vor allem Buckelwale und Orkas vor, aber man kann oftmals auch Seehunde und Gewöhnliche Schweinswale erspähen.
www.visitalta.no

← Faszinierende Piktogramme: Die Felsritzungen berichten unter anderem vom Zusammenspiel zwischen den Menschen und Tieren.

49

VARANGER

GO EAST!

Weiter östlich kann man auf dem norwegischen Festland nicht kommen: Die Landzunge Kibergneset auf der Varanger-Halbinsel ist einer der vier geografischen Extrempunkte des Landes. Dort, am Varangerfjord, gibt es einen Regionalpark und einen Nationalpark zu erkunden.

Der Nationalpark Varangerhalvøya liegt im nordöstlichsten Teil Norwegens nahe der finnischen Grenze. Dort finden sich majestätische Fjorde, felsige Küsten und weite Moore. Gletscher bedecken einige der höchsten Gipfel. Der 90 Kilometer lange Varangerfjord, der sich zur Mündung hin auf eine Breite von 55 Kilometern ausdehnt, bildet das Herzstück der Region.

Der Name Varanger stammt aus dem Altnordischen und setzt sich aus *ver* für »Fischerdorf« und *angr* für »Fjord« zusammen, was die Bedeutung des Fjords für die lokale Bevölkerung unterstreicht: Er schneidet die Halbinsel im Süden vom Festland ab. Am Südufer liegt Kirkenes, die östlichste Stadt des Landes – nördlicher als Alaska und östlicher als Istanbul.

Die Region ist unter Kennern für ihre artenreiche Vogelwelt bekannt, darunter viele Enten- und Watvogelarten. Vogelbeobachtungstouren sind besonders beliebt, und spezielle wettergeschützte Hütten ermöglichen es Besuchern, die Tiere in ihrer natürlichen Umgebung zu beobachten. Unter anderem überwintert die berühmte Scheckente in der Gegend. Das Symboltier des Nationalparks ist die Falkenraubmöwe.

Die Flora des Parks wird von Birkenwäldern dominiert, die sich aufgrund der Sommerwärme in der alpinen Tundra-Klimazone der Varanger-Halbinsel entwickeln können.

Benachbarter Regionalpark

Das Gebiet des 2006 eingerichteten Nationalparks überlappt sich teilweise mit dem 2014 gegründeten Regionalpark Varanger. Dieser hat nicht primär (nur) den Naturschutz zum Ziel, sondern eine nachhaltige Entwicklung der Region als Ort zum Leben und Arbeiten sowie den Ausbau des Ökotourismus, vor allem, wenn es um Vogelbeobachtung geht.

Die finnische Saunakultur hat in Varanger ebenfalls Einzug gehalten, und Besucher können traditionelle Saunen und Dampfbäder erleben. Im Varangerbotn befindet sich ein Museum, das Einblicke in die Kultur und Geschichte der Samen bietet (Varanger Sámi Museum), die die Region seit Jahrtausenden besiedeln. Die Hauptausstellung »Coastal Sámi« legt einen Schwerpunkt auf die Lebensweise des Urvolks in Küstengebieten, im Kontrast zu den weiter verbreiteten Samensiedlungen im skandinavischen Binnenland. Das 1994 gebaute Museumsgebäude ist von der samischen Bauweise inspiriert.

← Die faszinierende Landschaft des Regionalparks Varanger wurde vor etwa 10.000 Jahren von schmelzenden Gletschern geformt.
↓ Die indigenen Sami siedeln in der Region seit der Steinzeit, also seit Jahrtausenden.

INFO

KOMBINATION MIT DEM NORDKAP

Zwischen Norwegens berühmtem Nordkap auf der Insel Magerøya und der östlichsten Landzunge liegt eine Fahrstrecke von »nur« 533 Kilometern, die man in rund acht Stunden bewältigen kann. Wer mit dem Auto unterwegs ist und sich ohnehin vielleicht schon 3000 Kilometer aus Deutschland angetan hat, kann die beiden Extrempunkte miteinander kombinieren. Am Weg liegt unter anderem der Ort Lakselv im Inneren des Porsangerfjords mit dem nahen Nationalpark Stabbursdalen.
www.nordkapp.no

NORWEGISCHE LANDSCHAFTSROUTE

Eine der 18 ausgewählten Panoramastraßen von nationaler Bedeutung führt an der Ostküste der Varanger-Halbinsel entlang. Auf der 160 Kilometer langen Strecke zwischen Hamningberg und Varangerbotn liegen sieben architektonisch interessante Rastplätze und Aussichtspunkte. Zwei davon ermöglichen ungestörte Vogelbeobachtung.
www.nasjonaleturistveger.no,
www.visitgreaterarctic.com

50

NATIONALPARK SØR-SPITSBERGEN

LANDSCHAFT DER EXTREME

Mit seinen 13.286 Quadratkilometern übertrifft Sør-Spitsbergen größenmäßig alle anderen norwegischen Nationalparks. Und auch in Sachen Wildheit kann kaum einer mithalten: Der Park ist nur per Boot erreichbar. Besucher sollten sich unbedingt einer geführten Gruppe anschließen.

Der Nationalpark Sør-Spitsbergen liegt fernab des norwegischen Festlands in der Provinz Svalbard. Diese Inselgruppe liegt zwischen dem norwegischen Festland und dem Nordpol, rund 700 Kilometer nördlich des Festlandes. Dort ist er der größte von sieben Nationalparks, die alle auf der Insel Spitzbergen liegen. Von seinen 13.287 Quadratkilometern (das ist fast so groß wie das Bundesland Schleswig-Holstein und sogar größer als Tirol) sind 5030 Quadratkilometer Landfläche, 8257 Quadratkilometer verteilen sich auf Wassergebiete.

Der Park wurde 1973 gegründet. Damit zählt er zu den norwegischen Nationalparks der ersten Stunde: Von den knapp 50, die seit 1962 (Rondane war der erste, (s. S. 49) eingerichtet wurden, war er unter den ersten zehn. Damals – mitten im Kalten Krieg – waren mehrere norwegische sowie sowjetische Bergbaugesellschaften aktiv. Außerdem gab es in den Sechzigern Ölbohrprojekte, die jedoch im darauffolgenden Jahrzehnt eingeschränkt wurden.

Am Ende des Jahres 1973 war mehr als die Hälfte des Archipels durch vier Nationalparks, 14 Vogelschutzgebiete und vier Naturschutzgebiete geschützt. Seitdem wurde der Naturschutz noch weiter vorangetrieben, sodass es mittlerweile neben den sieben Nationalparks noch 22 zusätzliche Schutzgebiete gibt. Insgesamt machen alle diese Gebiete etwa 65 Prozent der Inselgruppe aus.

Auf der Westseite des Nationalparks liegt der Fjord Hornsund (*sund* bedeutet in etwa »Wasserstraße«). Er ist 25 Kilometer lang und zwischen 2,3 und elf Kilometer breit. An der tiefsten Stelle ist das Wasser 260 Meter tief. Der Fjord ist ein wichtiger Lebensraum für Eisbären, die zu den gefährdeten Tierarten gehören. Die weißen Raubtiere ernähren sich vor allem von Robben und stehen an der Spitze der marinen Nahrungskette in der Arktis.

Weil der Eisbär für viele Menschen ein Symbol der Arktis ist (unbezwingbar, exotisch und auch tödlich), werden See-Expeditionen in diese eisigen Gefilde immer beliebter. Außerdem haben Eisbären die Menschen seit jeher fasziniert und ihnen gleichzeitig Angst gemacht. Der Tradition nach sprechen die Einheimischen der Arktis den Namen des Tieres nicht aus, um es nicht zu verärgern, sondern geben ihm Spitznamen wie »Wanderer« (bei den Inuit) oder »Großväter« (bei den Keten).

Daneben gibt es ein artenreiches Vogelvorkommen. Es manifestiert sich durch mehrere Vogelfelsen und Seevogelkolonien; außerdem ist der Park ein wichtiges Überwinterungsgebiet für Enten, darunter auch Eiderenten. Weitere

→ Auf dem Wasserweg unterwegs: in der Mushamna-Bucht der Insel Spitzbergen

← Weißer »Wanderer«: Die Inuit nennen den Eisbären sicherheitshalber nicht beim Namen.
↙ Auf Eis gelegt: Auch Walrösser sind auf Spitzbergen heimisch.
↘ Vor dem 22 Kilometer langen Lilliehöök-Gletscher (Lilliehöökbreen) treiben viele Eisschollen im 14 Kilometer langen Lilliehöökfjord.

gesichtete Vogelarten sind die Dreizehenmöwe, der Eissturmvogel und Vertreter der Familie der Alkenvögel. Auch der Meerstrandläufer lebt im Park. Es gibt vier dezidierte Vogelschutzgebiete: Sørkapp, Dunøyene, Isøyene und Olsholmen.

Aufgrund der klimatischen Bedingungen fällt die Flora von Spitzbergen karg aus. Immerhin ist es an der Westküste mild genug für ein paar Pflanzenarten, sodass dort das aus botanischer Sicht produktivste Gebiet Spitzbergens zu finden ist. Es wächst etwa der Svalbardmohn *(Papaver dahlianum)*.

Von außerirdischer Schönheit

In der kargen »Mondlandschaft« von Südspitzbergen, die größtenteils vom ewigen Eis überzogen ist, gibt es viele markante Felsformationen. Im Westen laufen die Gipfel richtig spitz zu, im Osten sind sie hingegen flacher und runder. Zum Park gehören zahlreiche Gletscher, aber genauso auch eine arktische Küstenlandschaft mit Inseln und kleineren Schären.

Im Norden wird der Nationalpark vom Van-Keulen-Fjord begrenzt, der von Westen her in die Landmasse einschneidet. Er ist einer von insgesamt 17 Fjorden, die der Insel Spitzbergen ihre zerfurchte Form geben. Der 30 Kilometer lange Wasserweg trennt die Regionen Nathorst-Land und Wedel-Jarlsberg-Land voneinander. Und im Süden liegt der höchste Berg des Nationalparks: der 1431 Meter hohe Hornsundtind.

Die holländischen Namen erinnern an die ersten Entdecker der Region: Der Seefahrer Willem Barents (1550–1597) sichtete die Inselgruppe 1596 auf der Suche nach der Nordostpassage. Er war es auch, der die Hauptinsel nach ihren »spitzen Bergen« benannte (der in Norwegen verbreitete Name Svalbard für den ganzen Archipel bedeutet übrigens »kalte Küste«). Auf die Entdeckung folgte eine ausgeprägte Walfangperiode; und mit Produkten wie Walöl verdienten sich nicht nur die Niederlande, sondern bald auch Frankreich und England beachtlichen Reichtum.

Heute soll der Nationalpark Sør-Spitsbergen sowohl die Pflanzen als auch die Tiere des Gebiets schützen. In den Gewässern um Spitzbergen leben mehr als 15 verschiedene Wal- und Robbenarten. Innerhalb der Nationalparkgrenzen finden sich zahlreiche Kulturdenkmäler aus den Bereichen Jagd, Bergbau, Tourismus, Forschung und dem Zweiten Weltkrieg. In Gåshamna wurde eine Walfanganlage aus dem 17. Jahrhundert ausgegraben. Dort wurden auch Reste von Speecköfen gefunden und außerdem Schädel und Skelette von Grönlandwalen.

Der Nationalpark soll außerdem Forschungszwecken in einer natürlichen Umgebung dienen. Seit dem späten 19. Jahrhundert arbeiten Naturwissenschaftler in diversen Forschungsstationen und untersuchen die Auswirkungen der Erdpole auf verschiedene physische, biologische und geologische Vorgänge.

INFO

WIE KOMME ICH NACH SPITZBERGEN?

Die Nationalparks auf Spitzbergen sind schwierig zu erreichen, und eine Erkundung auf eigene Faust wird aus Sicherheitsgründen auch nicht empfohlen. Besucher können sich stattdessen einer geführten Wanderung oder einer Kajaktour anschließen. Viele entscheiden sich auch für eine Kreuzfahrt, da man die Landschaft vom Wasser aus am besten betrachten kann. Diese Seefahrten haben wenig mit klassischen Urlaubskreuzfahrten zu tun, sondern mehr mit einer Expedition gemeinsam. Man ist auf kleinen Schiffen unterwegs und genießt ein informatives Programm. Zwei renommierte Anbieter sind beispielsweise Hurtigruten Expeditions und Quark Expeditions.
www.hurtigruten.com,
www.quarkexpeditions.com

LONGYEARBYEN

Der Hauptort von Svalbard ist die nördlichste Siedlung der Welt, die mehr als tausend Einwohner zählt (etwa 2530, um genau zu sein). Weil diese kleine, isolierte Community auch kulturelle Impulse braucht, gibt es dort Nordover, das nördlichste Kunsthaus der Welt. Neben dem Svalbard-Museum findet man zudem ein Museum in Gedenken an die Polarforscher der vergangenen Jahrhunderte. Bei Longyearbyen liegt der Flughafen Svalbard, der nur aus Oslo und Tromsø direkt angeflogen wird.
www.northpolemuseum.com,
www.visitsvalbard.com

Longyearbyen mag als Stadt nicht viel zu bieten haben, aber charakteristisch ist die Farbpalette, an die sich die meisten Häuser halten.

Ob Eisbär oder Mensch: In Norwegen hat man die Natur manchmal ganz für sich alleine.

REGISTER

DIE AUTORIN

Lisa Arnold hat Germanistik und Skandinavistik studiert und lebt seit 2013 in Stockholm. Von dort aus schreibt sie Reisebücher über skandinavische Destinationen und berichtet als Auslandskorrespondentin der Wiener Zeitung über aktuelle und kulturelle Themen in Nordeuropa.

DANKSAGUNG

Ich danke Ina Klompmaker für ihre tatkräftige Unterstützung bei der Recherche für dieses Buch. Mit ihrer sorgfältigen, zuverlässigen Arbeit und den hilfreichen Gedankenanstößen hat sie zu vielen Kapiteln beigetragen.

BILDNACHWEIS

Shutterstock: 2/3, 54 o. (Romija); 8/9 o., 9 u. g. r., 24, 27 o., 28, 58/59, 71 (Dreamnord); 8 u. l., 37 (trabantos); 8/9 Mitte, 42 (Ajit Wick); 9 u. r. (Tatiana Kovaleva); 10/11 Mitte (DrimaFilm); 19 o. (Nanisimova); 19 u. (Granate Art); 26 o. (Nina Alizada); 26 u. (evoPix.evolo); 27 u. (Petroos); 29 (archetype); 32 u. (Dmitry Naumov); 34/35 (Shandarov Arkadii); 38 (Arne Falla); 40 (Jan William Fines); 43 (Wirestock Creators); 44 (Ondrej Bucek); 46/47 (Swen Stroop); 50 (bluejaval); 51 o. (Kenneth Bagge Jorgensen); 51 u. (Lukas Bischoff Photograph); 55 o., 128 (PhotoVisions); 63 (Editos foto); 64 (Barnabas Davoti); 65 (Morten Normann Almeland); 68 (Benjamin Nielsen); 69 (tufo); 76 (Viktor Hladchenko); 77 (poliki); 78 (Freedom_wanted); 79 (Ina Meer Sommer); 81 (Marek Rybar); 84 (Kris Wiktor); 85 (fran_cbg); 88 (Marcin Dryja); 89 u. (Marius Dobilas); 91 (Barbora Aulehlova); 93 (Elephotos); 98 (iwciagr); 99 o. (Christina Fink); 102 (Arild Lilleboe); 103 u. (Dignity100); 110 (Danne_l); 111, 115 (Trygve Finkel-sen); 112 (Anne Wanasnan); 121 o. (Lillian Tveit); 121 u. (Patnaree Asavacharanitich); 124 (Andy Sutherland); 125 (Tupungato); 130 (Nowaczyk); 132 (Deniss Maslovs); 133 (rdonar); 138 u. (Nettan C); 139 o. (marinafromvladimir); 142 (Tine Larsen tinelarsen77); 147 u. (David Bokuchava); 154 (arcticphotoworks); 159 (IndieVolpe); 162 u. (Galyna Andrushko); 166 (eRJedynka); 167 (Melander); 172 u. (CA Irene Lorenz); 173 o. (Photofex_AUT); 174 (nenets); 175 o., 175 u. (V. Belov); 179 (O.C Ritz); 183 o. (Don Landwehrle)

Lookphotos: 6/7, 113, 145, 146, 147 o., 150, 152, 155 o., 155 u., 158, 164/165 (Meinhardt, Olaf); 8 u. ganz l., 10/11 o., 15 r., 22/23, 45, 48, 56, 74, 89 o., 190/191 (Mirau, Rainer); 10 u. ganz l., 31, 32 o., 33 o., 33 u., 106 (robertharding); 11 u. ganz r., 94/95, 138 o., 151, 176 (Merz, Brigitte); 12, 41, 75, 109/110, 119, 123 (Bäck, Christian); 14, 92, 126/127, 148/149, 178 (ClickAlps); 15 l. (Greune, Jan); 16/17, 114 (Richter, Tobias); 18 l., 72/73 (Stankiewicz, Thomas); 20 (Design Pics); 39 (Klambt Style-Verlag/ Kriwy, Natalie); 57 o., 161, 162 o., 168, 181, 183 u. (VWPics); 57 u., 103 o. (Fotohof Blomster); 86, 99 u., 105 (Frank van Groen Photography); 104, 107 u. (Niederwieser, Helmut); 107 o., 140/141 (Strauß, Andreas); 120, 144 (Najak, D.); 122 (Bayerl, Günther); 131 (Leue, Holger); 136, 139 u. (age fotostock); 143 (Minden Pictures); 182 o., 182 u., 184/185 (Delimont, Danita)

Mauritius Images: 10 u. l. (Robertharding/Alamy/Alamy Stock Photos); 62 (Grethe Ulgjell/Alamy/Alamy Stock Photos); 66/67 (Colin Harris/era-images/Alamy/Alamy Stock Photos); 116/117 (Lillian Tveit/Alamy/Alamy Stock Photos); 135 (Michael Runkel); 170 (Prisma/Thek Markus); 173 u. (Benedict Benz)

Visit Norway: 11 u. r. (CH); 18 r. (Ruben Soltvedt); 36 (Jonas Ingstad); 82/83 (Trolltunga Adventures); 53, 54 u., 55 u. (Thomas Rasmus Skaug); 80 (Trolltunga Active); 97 (Thomas T. Kleiven); 100 (Terje Rakke_Nordic Life – Visit Ålesund); 156 (Torild Moland – TravelStock); 157 (emilie solbakken); 163 u. (Kristoffer Møllevik – Visit Helge-land); 172 o. (Bård Løken – www.nordnorge.com)

Weitere: 60, 61, 90, 129 (Lisa Arnold); 70 (Wikimedia Commons/Roemag); 134 (Michael Moll); 163 o. (Snøhetta/Plompmozes).

IMPRESSUM

Verantwortlich: Maren Langendorff
Lektorat: Helga Peterz
Layout: BUCHFLINK Rüdiger Wagner
Korrektorat: Christiane Gsänger
Repro: LUDWIG:media
Herstellung: Alexander Knoll
Printed in Türkiye by Elma Basim

Sind Sie mit diesem Titel zufrieden? Dann würden wir uns über Ihre Weiterempfehlung freuen.
Erzählen Sie es im Freundeskreis, berichten Sie Ihrem Buchhändler, oder bewerten Sie bei Onlinekauf. Und wenn Sie Kritik, Korrekturen, Aktualisierungen haben, freuen wir uns über Ihre Nachricht an Bruckmann Verlag, Postfach 40 02 09, D-80702 München oder per E-Mail an lektorat@verlagshaus.de.

Unser komplettes Programm finden Sie unter

www.bruckmann.de

Alle Angaben dieses Werkes wurden von der Autorin sorgfältig recherchiert und auf den neuesten Stand gebracht sowie vom Verlag geprüft. Für die Richtigkeit der Angaben kann jedoch keine Haftung übernommen werden, weshalb die Nutzung auf eigene Gefahr erfolgt. Insbesondere bei GPS-Daten können Abweichungen nicht ausgeschlossen werden. Sollte dieses Werk Links auf Webseiten Dritter enthalten, so machen wir uns die Inhalte nicht zu eigen und übernehmen für die Inhalte keine Haftung.

In diesem Buch wird aus Gründen der besseren Lesbarkeit das generische Maskulinum verwendet. Weibliche und anderweitige Geschlechteridentitäten werden dabei ausdrücklich mitgemeint, soweit es für die Aussage erforderlich ist.

Umschlagnachweis: Vorderseite: »Segla«, also Segel, heißt der Berg am Mefjord auf der Insel Senja (mauritius images/ Novarc Images / Dennis Schmelz).
Rückseite, oben (v.l.n.r.): Polarfüchsen kann man u.a. im Nationalpark Blåfjella-Skjækerfjella begegnen; Hängebrücke im Nationalpark Folgefonna; die Weite und das eindrucksvolle Panorama im Jotunheimen Nationalpark laden zum Schwärmen und Staunen ein.
Rückseite, unten: Der Strand von Fredvang mit seinen weißen Sandbuchten, herrlich grünem Gras und schroffen Felswänden in der Ferne (lookphotos / ClickAlps).
Seite 2/3: Diese Hängebrücke über einen rauschenden Fluss befindet sich im Nationalpark Folgefonna.
Seite 6/7: Eindrucksvoller Ausblick von der Insel Vega auf die Nachbarinsel Sula.
Seite 190/191: Im Nationalpark Jotunheimen ist es kein Fjord, in dem sich die schneebedeckten Berge spiegeln, sondern es handelt sich um zwei längliche Seen.

Die Deutsche Nationalbibliothek verzeichnet diese Publikation in der Deutschen Nationalbibliografie; detaillierte bibliografische Daten sind im Internet über http://dnb.d-nb.de abrufbar.

ISBN 978-3-7343-2648-6